Nieuw vegetarisch koken

door celia brooks brown

met foto's van philip webb

nieuw vegetarisch koken

overheerlijke en oogstrelende recepten voor iedere gelegenheid

Uitgeverij BZZTôH
's-Gravenhage, 2003

Eerste druk: januari 2002
Tweede druk: mei 2003

First published 2001 under the title *New Vegetarian* by Ryland Peters
and Small Ltd, Kirkman House, 12 – 14 Whitfield Street, London

Vertaling: Studio Imago, Marthe C. Philipse

Redactie en productie: Studio Imago, Amersfoort

ISBN: 90 5501 900 3

www.bzztoh.nl

voor Mam

VERANTWOORDING

Ik ben veel dank verschuldigd aan Eric Treuille en het team van Books for Cooks, voor
hun eindeloze steun en aanmoediging; en aan Elsa en Maddie voor hun inspanningen en
onuitputtelijke geduld. Veel dank ook aan Philip Webb voor de schitterende foto's; en aan
Kate Habershon, Lizzie Harris, Paul Tilby en Sarah Cuttle, die het fotograferen tot een
feest maakten. Verder wil ik iedereen bedanken die bij mij thuis deelgenomen heeft aan
de proefsessies (en in februari aan een kille en donkere barbecue): Fisher, Ben, Callum,
Alex, Sarah, Jessica, Sarah W. Tarda, Mark J., Dom, Julia, Paula, Paulie en Steve M. – en
niet te vergeten mijn fantastische echtgenoot Dan, die me altijd de waarheid vertelt.

Ten slotte veel dank aan Michael van Straten voor advies op het gebied van voedingsleer, en The Vegetarian Society voor waardevolle informatie.

OPMERKINGEN

Alle maatlepels zijn afgestreken, tenzij
anders aangegeven.

Was alle groenten en vruchten voor gebruik,
tenzij anders aangegeven. Gebruik onbe-
spoten citrusfruit, tenzij anders aangegeven.

Verwarm barbecues, ovens en grills voor
tot de gewenste temperatuur. Heeft u een
heteluchtoven, pas de kooktijden dan aan
volgens de aanwijzingen van de fabrikant.

Oosterse ingrediënten zijn verkrijgbaar in
goed gesorteerde supermarkten, Chinese
supermarkten, toko's en op markten in
grote steden.

inhoud

inleiding

Welkom in het nieuwe tijdperk van vegetarisch koken en eten! Vegetarische gerechten zijn gezond en geven je energie om te leven, maar ze zijn ook gewoon erg lekker. Ze zijn gebaseerd op traditionele kookstijlen uit vele landen, maar maken ook gebruik van de duizenden moderne ingrediënten die tegenwoordig verkrijgbaar zijn.

Elke dag zijn er meer mensen die besluiten minder vlees te eten, of helemaal geen vlees meer te eten. Vegetarisch koken vergt soms iets meer creativiteit dan koken met vlees, maar dat betekent niet dat het ook moeilijk moet zijn. Dit boek biedt inspiratie aan gevorderde koks maar ook aan beginnelingen in de keuken.

Bij deze nieuwe manier van vegetarisch koken en eten zoekt u geen vervanging voor vlees, maar verplaatst u de accenten. In tegenstelling tot de gewone maaltijd van 'aardappelen, groente en vlees' kan een maaltijd zonder vlees telkens weer anders samengesteld zijn qua kleur, smaak en structuur. Denk bijvoorbeeld aan een schaal met mezze: romige hummus met veel knoflook, olijven die glinsteren als juwelen, rokerig gegrilde groenten en granen met een dressing van vers geperst citroensap en peperige olijfolie; en daarbij warm en zacht pittabrood of naanbrood om alles op te dippen. Mist u het vlees?

KIEZEN VOOR VEGETARISCH

Er zijn veel redenen waarom iemand ervoor kiest om geen vlees te eten, en als u niet vegetarisch bent, kent u beslist iemand die dat wel is. De voornaamste redenen om vegetariër te worden of minder vlees te eten zijn:

- U wilt gezond eten, zodat u zich prettiger voelt.
- U wilt geen vlees meer eten uit afkeer van de bio-industrie.
- U maakt zich zorgen over het milieu.
- U heeft een bepaalde geloofsovertuiging.
- U houdt, net als ik, niet zo van vlees, of het laat u onverschillig.

Wat uw redenen ook zijn, het is zeker dat vegetarisch eten gezond is. De Wereld Gezondheid Organisatie adviseert een dieet dat arm is aan verzadigde dierlijke vetten maar rijk aan complexe koolhydraten, die veel voorkomen in vruchten, groenten, granen en peulvruchten: ingrediënten die veel gebruikt worden in de vegetarische keuken. In verschillende landen melden gezondheidsorganisaties dat wie vegetarisch eet, minder kans loopt op hartkwalen, hoge bloeddruk, bepaalde soorten kanker en vele andere gezondheidsklachten.

Alle redenen om vegetarisch te eten zijn prima. Bedenk alleen wel dat niemand zit te wachten op een preek over vegetarisme. Geniet gewoon van de voordelen van een vegetarische leefwijze, van lekker koken en van echt goede maaltijden.

KOOP VERSE, LIEFST BIOLOGISCHE SEIZOENSPRODUCTEN

Wat de aarde te bieden heeft, vormt de basis van de vegetarische keuken. We hebben allemaal een ingebouwd afweersysteem tegen voedsel dat schadelijk voor ons is: het ruikt vreemd, is verkleurd, of ziet er onappetijtelijk uit. Maar voedsel kan onder valse vlag varen: een zakje met frisse salade uit de supermarkt ziet er vers uit, maar hoe komt dat? Waarom zijn winterse kastomaten smakeloze bollen? Verse producten zijn gemakkelijk te beschadigen, daarom worden ze meestal behandeld met conserveringsmiddelen, was, gas of bestraling. Zo overleven ze de lange reis naar de schappen in de supermarkt. Als u seizoensproducten koopt, bij voorkeur uit de buurt (bijvoorbeeld op een boerenmarkt), krijgt u versere en zuiverder waar. Ook het milieu lijdt minder schade, want er worden duizenden liters brandstof gebruikt om voedsel buiten het seizoen over grote afstanden te vervoeren per vliegtuig en vrachtwagen.

Het gebruik van chemische bestrijdingsmiddelen en kunstmest in de intensieve landbouw zorgt weliswaar voor hogere opbrengsten en heeft veel bijgedragen aan de ontwikkeling van moderne landbouwtechnieken, maar heeft ook minder goede gevolgen gehad. Kwaliteit en smaak zijn het slachtoffer geworden van de snelle productiemethoden, er blijven giftige reststoffen in ons voedsel achter en het milieu wordt vervuild. Als u absoluut zeker wilt weten dat uw voedsel veilig is en geen toevoegingen bevat, dan is het kopen van biologische producten de enige manier. U geeft dan wel wat meer geld uit, maar dat vertaalt zich in smaak, gezondheid en gemoedsrust.

En dan is er nog de kwestie van genetisch gemanipuleerd voedsel. Hierbij wordt genetisch materiaal van het ene gewas overgebracht op het andere. De bedoeling is dat de boer het gemakkelijker krijgt, maar hoe staat het met de consument? Het is nog lang niet duidelijk wat op lange termijn de effecten van het eten van genetisch gemanipuleerd voedsel zijn, en in hoeverre genetisch gemanipuleerd voedsel inwerkt op het milieu. Een sojaplant die bestand gemaakt is tegen een bepaald onkruidverdelgingsmiddel kan rijkelijk besproeid worden met giftige, niet-afbreekbare chemische stoffen die in de voedselketen terechtkomen, en ten slotte op onze borden. Wie biologische producten koopt, vermijdt genetisch gemanipuleerd voedsel – althans meestal.

ONTSPANNEN GENIETEN!

Bedenk dat eten in ieder geval heerlijk is. Als u de tijd neemt om bij het winkelen de beste ingrediënten uit te kiezen, dan loont dat zeer de moeite, vooral op het moment dat de maaltijd klaar is.

Als u gespannen of bezorgd bent, smaakt het eten meestal niet zo. Maar koken hoeft geen vervelende klus te zijn: het kan heel ontspannend werken. Lees het recept aandachtig door, en als u denkt dat u het kunt maken, probeert u het gewoon uit. Naarmate u meer zelfvertrouwen krijgt, zult u merken dat het resultaat al die inspanning waard is. Uiteindelijk gaat u wat losser te werk met de recepten en voegt u iets van uzelf toe. U kunt koken zien als een creatief proces, als een manier om uzelf te uiten en anderen plezier te doen.

Aan de slag dus, en toon een beetje durf! Maar bedenk dat sommige onsterfelijke klassiekers als pesto er niet altijd op vooruitgaan als u de basilicum en Parmezaanse kaas zou vervangen door bijvoorbeeld sereh en Roquefort. Binnen de grenzen van de tradities en gezond verstand is er alle ruimte voor vrije expressie. Uw kookstijl weerspiegelt wie u bent, en wat u lekker vindt. Opmerkelijk genoeg noemen veel chefkoks hun moeders als de beste koks die ze kennen.

gezondheid

wat loopt u mis als u vlees weglaat?

Als ik vertel dat ik vegetariër ben, is iedereen altijd direct erg meelevend: 'Het is vast erg moeilijk om een evenwichtige maaltijd samen te stellen,' of 'Krijg je wel voldoende eiwit binnen?' In feite is het zo dat alle voedingsstoffen die u nodig hebt in overvloed aanwezig zijn in vegetarisch voedsel. Het is wel belangrijk om gevarieerd te eten en enige kennis te hebben van voedingsleer.

EIWIT

Eiwit is een belangrijk onderdeel van uw voeding, maar als u vlees achterwege laat hoeft u beslist geen eiwittekort op te lopen, behalve als u uitsluitend bladgroenten wilt gaan eten! Granen, peulvruchten, eieren en zuivelproducten bevatten allemaal veel eiwit. Uw dagelijkse voeding hoeft maar voor zo'n 15% uit eiwit te bestaan, en mits u gevarieerd eet, krijgt u zeker voldoende binnen. Probeer niet alleen kaas en eieren als eiwitbron te gebruiken: ze bevatten veel verzadigde vetten en dienen dus met mate gegeten te worden.

Eiwitten zijn opgebouwd uit aminozuren, waarvan er in totaal 22 zijn. Het lichaam maakt de meeste aminozuren zelf aan, maar er zijn acht aminozuren die u via uw voeding moet binnenkrijgen. Vlees, vis, eieren en zuivelproducten bevatten ze alle acht (de volwaardige eiwitten), maar sojabonen* zijn de enige niet-dierlijke bron voor volwaardige eiwitten. Dat is een van de redenen waarom tahoe zo hoog aangeschreven staat in de vegetarische keuken. Rijst, granen, peulvruchten en noten bevatten niet alle acht de aminozuren, maar als u ze combineert in uw dagelijkse voeding vormen ze wel volwaardige eiwitten: u kunt bijvoorbeeld rijst met bonen combineren, of brood met pindakaas. Recent onderzoek heeft aangetoond dat deze aanvullende eiwitten niet tegelijk gegeten hoeven te worden, aangezien het lichaam de aminozuren voor korte tijd kan opslaan.

*Recent onderzoek heeft aangetoond dat het eten van grote hoeveelheden sojaproducten schadelijke gevolgen kan hebben. Het is daarom het beste om er net als met kaas en eieren matig te mee zijn. Gisting kan de schadelijke effecten verminderen; gefermenteerde sojaproducten zoals sojasaus, tempeh en miso zijn dus mogelijk veiliger.

IJZER

IJzer speelt een essentiële rol in de bloedsomloop. Het lichaam gebruikt ijzer om hemoglobine in het bloed aan te maken, en om zuurstof van de longen naar het celweefsel en de belangrijke organen te vervoeren. Vitamine C, een stof die voorkomt in verse vruchten en groenten, vergemakkelijkt de ijzeropname.

Spinazie was misschien wel het wondermiddel van Popeye, maar is niet een echt goede ijzerbron. Spinazie bevat wel veel ijzer, maar ook veel oxaalzuur, en dit verbindt zich met ijzer tot een stof die niet goed oplost.

ANDERE MINERALEN

Vlees en vis leveren andere essentiële mineralen, met name calcium, zink, selenium en jodium. Gelukkig komen deze stoffen ook veel voor in vegetarische ingrediënten.

B-VITAMINES

B-vitamines zijn van groot belang voor de spijsvertering en het zenuwstelsel. Goede bronnen hiervoor zijn gist, volkoren granen, noten, groene groenten, bonen en peulvruchten. B12 is de enige vitamine van deze reeks die niet in plantaardig voedsel voorkomt (behalve in zeewier). U heeft hiervan slechts een kleine hoeveelheid nodig, en die krijgt u binnen met eieren en zuivelproducten. Leeft u veganistisch, dan kunt u B12 via voedingssupplementen innemen, of voedsel met toegevoegde vitamine B12 gebruiken.

ANDERE VITAMINES

Vitamine D en A komen voor in vlees en vis, maar ook in vegetarisch voedsel. Als we in de zon zitten, maken we onze eigen vitamine D aan. Het zit ook in zuivel, maar niet in bladgroenten. Het is dus zinvol daarvoor een supplement te slikken.

Ook vitamine A vindt u in zuivelproducten. Het lichaam zet tevens bèta-caroteen, te vinden in oranje en donkergroene groenten, om in vitamine A.

ANDERE ELEMENTEN

Koolhydraten, vezels en vet zijn eveneens belangrijke bestanddelen van de dagelijkse maaltijd.

Het lichaam zet koolhydraten om in energie. De twee voornaamste soorten koolhydraten zijn zetmeel en suiker. Zetmeel komt voor in plantaardige voedingsmiddelen als rijst, brood, aardappelen, pasta, granen en peulvruchten. Ongeraffineerde

producten als volkorenbrood en zilvervliesrijst hebben het meeste te bieden, aangezien deze veel vezels en B-vitamines bevatten.

Suikers die van nature voorkomen in vruchten en groenten (anders dan in een moorkop) zijn waardevolle bronnen van energie en vezels. Deze voedingsmiddelen bevatten bovendien verschillende andere essentiële voedingsstoffen; eet ze daarom elke dag.

Een matige hoeveelheid vet is eveneens van belang. Plantaardige vetten zijn in grote mate onverzadigd en dus relatief gezond, terwijl dierlijke vetten meestal verzadigd en dus minder gezond zijn (dit geldt ook voor kaas en eieren).

DE VEGETARISCHE VOEDING PER DAG

De meeste diëtisten adviseren dat een vegetariër iedere dag het volgende eet:

- 5-7 sneetjes (bruin) brood, plus 150-250 g aardappelen (te vervangen door een gelijke hoeveelheid volkorenpastaproducten, zilvervliesrijst, granen of peulvruchten).
- 3-4 opscheplepels groente (150-200 g), plus 2 porties fruit.
- 2 eieren, of 100 g tahoe/tempeh, of 75 g gare peulvruchten, of 40 g noten.
- 2-3 glazen melk (300-450 ml).
- 1-2 plakken kaas (20-40 g).

- een klein beetje olie en margarine (of eventueel af en toe wat boter).

DE VEGANISTISCHE VOEDING PER DAG

Veganisten zijn strikte vegetariërs: ze vermijden niet alleen vlees maar ook andere dierlijke producten als eieren, boter en melk, en zelfs honing. Hun levenswijze beperkt zich niet tot de keuze van hun voedsel: veganisten dragen geen schoenen van leer of stoffen die van dieren afkomstig zijn. Het is opmerkelijk hoeveel dagelijkse dingen gemaakt zijn met, of met behulp van, dierlijke producten: onder meer dagcrèmes, kauwgom, wijn, bier, tandpasta en waspoeder.

Ondanks al deze restricties kan een veganistische levenswijze net zo gezond zijn als een vegetarische. Het is alleen veel moeilijker, en u loopt altijd het risico voedingstekorten op te lopen, met name wat betreft vitamine B12.

Als u voelt voor een veganistische levenswijze, lees hier dan eerst meer over en vraag advies van een voedingsdeskundige of diëtist.

basis-
ingrediënten

RIJST Meet rijst altijd naar volume af en niet naar gewicht. De meeste soorten worden gekookt in tweemaal hun volume aan water: de rijst neemt dan al het water op. Van de langkorrelige rijstsoorten is basmati mijn favoriete soort; deze is in 10-12 minuten gaar en heeft een heerlijke smaak en geur. Verder is er Thaise rijst ofwel parfumrijst, die een heerlijke geur heeft, en snelkookrijst die een stoombehandeling heeft ondergaan. Bij zilvervliesrijst is het kaf verwijderd maar de bruine zaadhuid is er niet afgeslepen. Zilvervliesrijst heeft een lekker stevige structuur en bevat veel B-vitamines en vezels. Rode rijst uit de Camargue kookt u als zilvervliesrijst; hij is niet overal verkrijgbaar maar erg lekker van smaak. Onder de kortkorrelige rijstsoorten vallen sushirijst en risottorijst.

COUSCOUS Couscous is geen graansoort maar in feite een soort tarwepasta. Couscous is heerlijk om koud in salades te serveren, of warm bij groentestoofschotels. Couscous is heel gemakkelijk te bereiden: schenk er kokend water of bouillon over en laat dit 10-15 minuten wellen tot het vocht is opgenomen. U kunt couscous ook stomen of in de magnetron bereiden. Volg voor instant-couscous de aanwijzingen op de verpakking. Schep de korrels rul om met een vork.

BULGUR Bulgur is vooral bekend als de basis voor tabbouleh, een beroemd gerecht uit Libanon. Bulgur bevat veel koolhydraten en maakt een groenteschotel wat steviger. Bereid bulgur als couscous maar laat het 30 minuten wellen.

POLENTA (MAISMEEL) Polenta wordt gemaakt van maïs; de fijngemalen soort heet maïsmeel en de grofgemalen versie heet maïsgries. Polenta is heerlijk met boter en Parmezaanse kaas, als een soort pap of in dikke plakken die u in de pan kunt bakken of grillen. Gebruik geen snelkookpolenta of kant-en-klaar verpakte dikke polenta: deze hebben weinig smaak en verfijning. Ongekookte polenta kunt u gebruiken als broodkruim voor een knapperig paneerlaagje (blz. 50). Kijk voor de bereidingswijze van polenta op blz. 72.

TAHOE (TOFU, SOJAKAAS) Tahoe is een soort zachte kaas van sojabonen; het is de beste eiwitbron ter vervanging van vlees. Omdat tahoe een neutrale smaak heeft, wordt het meestal gemarineerd met krachtige smaakgevers, zoals knoflook, gember en chilipeper, en vervolgens roergebakken of in de oven bereid. Er zijn twee soorten tahoe: zachte tahoe, die zacht en glad is en gebruikt wordt in milkshakes, en vaste tahoe, die steviger is en geschikt om te roerbakken, te frituren en in de oven te bereiden. Er bestaat ook gerookte vaste tahoe, die u niet hoeft te marineren, maar deze kan een wat kunstmatig smaakje hebben. Tahoe is niet lang houdbaar. Als het zuur ruikt, kunt u het niet meer gebruiken. Hebt u niet alle tahoe tegelijk nodig, doe het restant dan in een kommetje, overgiet het met koud water en plaats het in de koelkast. Gebruik het binnen 2 dagen, en ververs het water tussentijds minstens eenmaal.

Tempeh bevat eveneens veel eiwit. Het wordt gemaakt met gefermenteerde sojabonen en heeft een stevige structuur en een duidelijke smaak. U kunt tempeh frituren, bakken, grillen of in de oven bereiden. Het is verkrijgbaar in natuurvoedingswinkels.

AUBERGINES Deze zeer veelzijdige groente kunt u vullen, bakken, op de grillplaat of in de oven bereiden, of toevoegen aan rijst, pasta, stoofschotels en ovenschotels. Traditioneel wordt aubergine met zout bestrooid om het bittere vocht te verwijderen, maar bij de moderne niet-bittere soorten is dit overbodig. Als u de aubergines in olie wilt bakken, kan het toch handig zijn ze met een beetje zout te bestrooien: daardoor worden ze steviger en nemen ze minder olie op. Ze worden er ook knapperiger van. Laat u niet verleiden meer olie toe te voegen, want een deel van de opgenomen olie wordt tijdens het bakken weer afgescheiden.

CHILIPEPERS De krachtige en vurig scherpe smaak van chilipepers is te danken aan capsaïcine, een chemische stof die in mindere of meerdere mate in alle chilipepers aanwezig is. Capsaïcine bevindt zich vooral in de vliesjes en zaadjes, dus wees voorzichtig bij het verwijderen van het zaad. Was uw handen daarna grondig en kom vooral niet met uw vingers bij uw ogen: dit brandt verschrikkelijk. (Zelf draag ik altijd rubber handschoenen als ik chilipepers snijd.) Chilipepers worden zeer veel gebruikt in de Thaise en Mexicaanse keukens. Over het geheel genomen zijn groene pepers milder dan rode, en zijn kleinere pepers scherper dan grote soorten. Er zijn uitzonderingen op deze regel, zoals de Madam Jeanet. Deze pepers lijken een beetje op kleine, geribbelde lantaarntjes, en zijn rood, geel of oranje van kleur. Waag u hier niet aan, tenzij het u niet heet genoeg kan zijn.

OLIJFOLIE Gebruik de beste olijfolie die u zich kunt permitteren. Een peperdure olijfolie van een landgoed, die zo lekker is dat je hem bijna zou drinken, is vooral geschikt voor in salades of om brood in te dippen. Het is zonde hierin te bakken: ik koop altijd een vijf-literblik redelijk geprijsde extra vergine olijfolie om in te bakken, en schenk hem over

in een fles zodat hij gemakkelijk in het gebruik is. Net als wijnen hebben olijfoliën verschillende karakteristieken als fruitigheid en een gepeperd accent. Beslis zelf welke u lekker vindt.

KOKEN MET WIJN Een scheutje wijn is een welkome aanvulling op veel recepten. De enige vuistregel is dat u de wijn niet op het laatste moment moet toevoegen, maar aan het begin, zodat de alcohol enkele minuten de tijd heeft om te verdampen. Mijn favorieten zijn:

- Madera (van het eiland Madeira) is zoet en nootachtig. Zet altijd een flesje naast het fornuis.
- Port is een versterkte wijn; hij geeft gerechten een krachtige wijnsmaak en een donkere kleur.
- Vermout is misschien niet de allerbijzonderste drank, maar hij doet het uitstekend in droge martini en is volgens velen de beste witte wijn om in risotto te verwerken. U kunt vermout gebruiken ter vervanging van witte wijn; deze drank blijft vrijwel onbeperkt goed en is dus altijd praktisch om achter de hand te hebben.

- Iets minder gebruikelijk zijn de twee Japanse wijnen: mirin, een zoete wijn die uitsluitend in de keuken gebruikt wordt, en sake. Beide zijn (vooral in combinatie met elkaar) heerlijk in roerbakgerechten en marinades, zoals Teriyaki-tahoe uit de oven met geglaceerde groenten (blz. 68).

BROODKRUIM Kant-en-klaar paneermeel heeft een muffe smaak en is eigenlijk waardeloos. Sommige bakkers verkopen voor weinig geld zakjes met kruimels, maar u kunt uw eigen kruimels maken door blokjes oudbakken brood te verkruimelen in een keukenmachine. Hebt u geen oudbakken brood, koop dan een paar knapperige broodjes of een klein stokbrood en snijd deze doormidden. Rooster ze in de oven tot ze uitgedroogd zijn. Breek ze in stukken en vermaal ze in de keukenmachine.

basisrecepten

groentebouillon

Als u zelfgemaakte groentebouillon gebruikt, krijgen soepen een veel interessantere smaak; het is dus zeker de moeite waard bouillon te maken. In feite is het zelfs helemaal geen moeite: u brengt een pan met water aan de kook en voegt een in vieren gesneden ui, kleingesneden bleekselderij met blad, een kleingesneden wortel, wat peterselie, zout en peper toe en laat alles 30 minuten trekken. Dat is alles. U hoeft overigens niet speciaal groenten ervoor te kopen. Vang altijd het water dat u gebruikt om groenten te koken of te stomen op, laat het afkoelen en bewaar het in een goed gesloten diepvrieszakje of doosje in de diepvries. Zo hebt u altijd wat bouillon achter de hand. De groenten hieronder zijn geschikt of juist niet geschikt voor bouillon:

- Zeer geschikt: bosuitjes en preigroen (goed gewassen), broccoli- en bloemkoolstelen, verse erwtenpeulen, steeltjes van kruiden, venkelstelen en tomatenvellen.
- Niet geschikt: uienschillen, kool, aardappelen en paprikazaad.

Ik moet toegeven dat ik vaak terug moet vallen op handige bouillonblokjes of -poeder. Bekijk de etiketten hiervan en gebruik biologische bouillonproducten zonder toevoegingen en aroma's.

bonen

Versgekookte bonen smaken beter dan ingeblikte, maar het verschil is niet eens altijd erg groot. Hoewel het niet zo gek veel werk is om de avond van tevoren wat gedroogde bonen in een kom met water te leggen, vergt het toch wel enige planning en wordt het koken wat minder spontaan. Ik heb bij de recepten dan ook beide mogelijkheden aangegeven. Gebruikt u gedroogde bonen, bedenk dan het volgende:

- Linzen hoeft u NIET te weken maar wel af te spoelen voor het koken.
- Spoel gedroogde bonen eerst af en verwijder kiezeltjes en lelijke exemplaren.
- Doe de bonen in een kom met driemaal hun volume aan koud water. Laat ze minstens 12 uur weken, of een hele nacht in de koelkast als het warm is in de keuken.
- Giet het weekwater af, zet de bonen op met schoon water en breng dit aan de kook. Laat de bonen 10 minuten krachtig koken. Voeg dan pas zout toe (als u dit eerder doet, worden de velletjes hard).
- Schuim het kookwater af.
- De kooktijd van bonen varieert van 30 minuten tot 2 uur, afhankelijk van de soort en de ouderdom van de bonen.

basistomatensaus

2 eetlepels olijfolie

1 ui, fijngehakt

3 tenen knoflook, fijngehakt

500 g tomaten uit blik, in stukken

1 theelepel balsamicoazijn

1 theelepel suiker

zout en peper

Verhit de olie in een koekenpan. Voeg de ui toe en bak deze zachtjes tot hij glazig is. Voeg de knoflook toe en bak deze tot het aroma vrijkomt. Voeg de resterende ingrediënten toe en laat de saus 15-20 minuten sudderen.

Tip: Voeg wat fijngesneden chilipeper toe (samen met de ui), een scheutje rode wijn, madera, port of vermout (samen met de tomaten), of verse basilicum in flinters (op het laatste moment).

basiskaassaus

30 g boter

2 eetlepels bloem

300 ml melk

100 g geraspte scherpe harde kaas, bijvoorbeeld cheddar of gruyère

Laat de boter smelten in een koekenpan op laag vuur. Strooi de bloem erbij en roer beide 2 minuten door elkaar.

Verwarm intussen de melk in de magnetron of in een pannetje. Schenk de melk geleidelijk en onder voortdurend roeren bij het bloemmengsel, tot u een gebonden saus hebt. Schep de geraspte kaas erdoor en roer de saus glad. Serveer hem direct.

Tip: Laat de melk enkele minuten trekken met een laurierblad, een halve ui in ringen, en een teen knoflook.

U kunt ook tegelijk met de kaas 2 theelepels mosterd en 2 theelepels mierikswortel toevoegen, of ½ theelepel asafoetida en ½ theelepel gemalen kurkuma.

pesto

een flink bosje basilicum

100 g pijnboompitten, licht geroosterd in een koekenpan

2 tenen knoflook

50 g versgeraspte Parmezaanse kaas

6 eetlepels olijfolie

zeezout en versgemalen zwarte peper

Doe de basilicum, pijnboompitten, knoflook en Parmezaanse kaas in een keukenmachine en werk alles door elkaar. Sprenkel de olijfolie er geleidelijk bij. Voeg zout en peper naar smaak toe.

Tip: Pesto is een van die sublieme combinaties die u beter ongewijzigd kunt laten. Een uitzondering is pesto met gerookte chilipepers: u voegt hiervoor gedroogde en gerookte chilipepers en pimentón toe aan de pesto. Pimentón is gerookt paprikapoeder; als u dit niet kunt vinden, kunt u ook gewoon paprikapoeder gebruiken. Laat 1 gedroogde en gerookte chilipeper weken in heet water, verwijder het zaad en snijd het vruchtvlees fijn. Voeg dit samen met 2 theelepels milde pimentón toe aan de ingrediënten voor de pesto en werk alles door elkaar in de keukenmachine.

basisvinaigrette

Het is natuurlijk een kwestie van smaak, maar een goede vinaigrette bestaat uit 3 delen olijfolie en 2 delen balsamico-, cider- of wijnazijn. Wrijf 1 teen knoflook met 1 theelepel grof zeezout fijn in een vijzel. Werk hier 2 eetlepels azijn, wat peper en een beetje suiker door. Klop er geleidelijk 3 eetlepels olijfolie door, zodat u een gladde vinaigrette krijgt. U kunt de knoflook ook uitpersen en alles door elkaar schudden in een potje met schroefdeksel.

Tip: Voeg 1-2 theelepels mosterd en ½ theelepel gedroogde Provençaalse kruiden toe, of een klein handje verse kruiden (met name dille). U kunt de azijn ook vervangen door versgeperst citroensap.

guacamole

2 zeer rijpe avocado's

sap van 1 limoen

zeezout

Lepel het vruchtvlees van de avocado's in een kom. Voeg het limoensap en zout toe en prak alles met een vork of pureestamper. Maakt u de guacamole enige tijd van tevoren, druk er dan een van de avocadopitten in. Merkwaardig genoeg voorkomt dit dat het vruchtvlees verkleurt.

Tip: Voeg 1 uitgeperste teen knoflook, 1 fijngesneden chilipeper (of enkele druppels Tabasco), 1 kleine fijngesneden ui, 1 kleingesneden tomaat en een klein bosje fijngehakte koriander toe.

de keukenkast

HET MERENDEEL VAN DEZE INGREDIËNTEN WORDT IN DIT BOEK GEBRUIKT; ALS U VAAK VEGETARISCH KOOKT, IS HET HANDIG DEZE IN VOORRAAD TE HEBBEN.

OLIE EN AZIJN

extra vergine olijfolie

zonnebloemolie

sesamolie

truffelolie (sprenkel deze vlak voor het serveren over alles waar paddestoelen in zitten)

witte- en rode-wijnazijn

balsamicoazijn

ciderazijn

rijstazijn (heerlijk op zichzelf als lichte saladedressing)

SAUZEN EN SMAAKGEVERS

groentebouillonblokjes of -poeder

grof zeezout

fijn zeezout (voor gebak)

Japanse sojasaus, tamari of shoyu (gefermenteerde donkere sojasaus)

lichte sojasaus

Thaise zoete chilisaus

tabasco

chilipuree, bijvoorbeeld harissa of sambal oelek

tamarindepasta

KOOKWIJNEN

rode en witte wijn en madera

port, met name ruby: deze is niet zo duur en heeft een mooie diepe kleur)

vermout

mirin en sake (zie Koken met wijn, blz. 11)

NOTEN EN ZADEN

sesamzaad

maanzaad

pompoenpitten

pijnboompitten

gezouten en gebrande pinda's

amandelpoeder

vacuüm verpakte kastanjes

INGEMAAKT EN GEDROOGD

gedroogde vruchten, bijvoorbeeld rozijnen en sultana's, abrikozen, cranberry's en pruimedanten

zoetzure uien

kappertjes op zout of azijn

olijven van goede kwaliteit, bijvoorbeeld kalamata

zoetzure fijngesneden jalapeñopepers

gedroogde en gerookte chilipepers, bijvoorbeeld chipotles

gedroogde porcini (eekhoorntjesbrood)

gedroogde shiitake paddestoelen

BELEG EN ZOETMIDDELEN

honing

golden syrup of rietsuikerstroop

vanille-essence

rozenwater

oranjebloesemwater

marmelade

bessen-, pruimen- of abrikozenjam

lemoncurd (of sinaasappelcurd)

pindakaas

ongezoet cacaopoeder

vegetarisch geleermiddel (ter vervanging van gelatine)

suiker: gewone en fijne (riet)suiker, gele en bruine basterdsuiker, poedersuiker (liefst ongeraffineerd)

BAKPRODUCTEN, PASTA, GRANEN EN PEULVRUCHTEN

bloem

bakpoeder

bicarbonaat

tarwekiemen

masa harina (maïsmeel voor tortilla's)

maïsmeel

polenta

havermout

rijst: basmati, arborio (voor polenta) en sushirijst

bulgur

pasta

couscous

noedels: brede en dunne rijstnoedels (mihoen), eiernoedels

bloemtortilla's

linzen

gedroogde bonen

KRUIDEN EN SPECERIJEN

laurierbladeren

oregano

saffraan

gemalen kurkuma

mild chilipoeder (bijvoorbeeld gemengd met knoflook, komijn en oregano)

cayennepeper

gedroogde chilivlokken

paprikapoeder

pimentón (gerookt paprikapoeder)

kruidnagels: gemalen en hele

kaneel: gemalen en pijpkaneel of bast

hele nootmuskaat

vanillestokjes

komijn: gemalen en zaad

korianderzaad

kardemomzaad

hele fenegriek

asafoetida (een scherp specerij met een uiensmaak)

sumac (een donkerrode, citrusachtige specerij; heerlijk om over een salade te strooien)

BLIKKEN

refried beans (gebakken pintobonen)

kikkererwten

limabonen

pinto- of borlottibonen

maïskorrels

kokosmelk

kokoscrème (creamed coconut)

gepelde pomodoretomaten

kleingesneden pomodoretomaten

DIVERSEN

mayonaise

mosterd: Engelse, Dijon- en grove

mierikswortelsaus

keukengerei

koksmes en aanzetstaal – koop een groot koksmes van een legering met een zacht metaal: het beste is een legering met bijvoorbeeld molybdeen, vanadium en roestvrijstaal. Dit is uiterst scherp en dient regelmatig geslepen te worden.

dunschiller

broodmes

keukenmachine met hakmes, kneedblad en schaaf.

staafmixer om soepen te pureren.

garde of elektrische handmixer.

grote wok met bol deksel: onmisbaar, niet alleen om in te roerbakken maar ook voor frituren en stomen. Traditionele woks van gietijzer of koolstofstaal, met een houten handvat (een ontwerp van zo'n 2000 jaar oud), hebben een afgeronde bodem en zijn daarom alleen geschikt voor koken op gas. Hebt u een elektrisch fornuis, een AGA of een Rayburn, neem dan een wok met een gedeeltelijk afgeplatte bodem.

U neemt een nieuwe wok in gebruik door hem eerst goed schoon te boenen, om te spoelen en af te drogen. Wrijf hem in met plantaardige olie en verhit hem 10 minuten op laag vuur. Laat hem afkoelen, veeg het verbrande laagje af en herhaal dit proces tot de wok niet meer afgeeft. Boen de wok nooit schoon tijdens de afwas maar veeg hem gewoon schoon met heet water en een sponsje. Wrijf hem als hij droog is in met wat olie. Als u de wok toch schoonboent of hij wordt roestig, dan kunt u hem opnieuw behandelen met olie.

wokspatel – ideaal om mee te roerbakken.

lange tang

visspatel

pureestamper

bamboe stoommandjes – deze kunt u gebruiken in de wok, of op een pan plaatsen. Ze zijn heel goedkoop en moeten af en toe vervangen worden, want ze nemen snel aroma's op.

draadschuimspaan of Chinese zeef.

grote koekenpan – met anti-aanbaklaag of van ingeolied gietijzer.

pannen met zware bodems in verschillende maten.

grote gietijzeren grillplaat – liefst eentje die op twee gaspitten past.

grote vijzel

muffinvorm – Ik heb een heel bijzondere muffinvorm van siliconenrubber ontdekt, die je niet hoeft in te vetten. Hierin maakt u 6 grote muffins die u zo uit de vorm drukt. Deze vorm is te koop in goed gesorteerde kookwinkels.

springvorm voor taarten – met een doorsnee van 24 cm.

broodblik – voor een brood van 400 g.

grote en middelgrote bakplaten

yoghurtshake

Het is belangrijk om 's ochtends de dag te beginnen met een ontbijt. Maar veel mensen hebben dan geen honger, of hebben het te druk met de voorbereidingen voor het werk of het ontbijt van het gezin. Ze stellen het ontbijt vaak uit tot laat in de ochtend, als de maag begint te knorren; dan grijpen ze naar iets zoets en ongezonds. Het is veel beter 's ochtends vijf minuten uit te trekken voor een voedzame en vullende yoghurtshake met fruit, zodat u een vliegende start maakt.

Doe alle ingrediënten in een blender of keukenmachine en pureer ze glad. Schenk de shake in glazen en steek er rietjes in. Deze shake blijft twee dagen goed in de koelkast.

VARIATIES

- Vervang het amandelpoeder door 100 g zachte tahoe.

- Vervang het vruchtensap door magere melk, sojamelk of ongezoete kokosmelk.

- Vervang de tarwekiemen door havermout.

- Voeg voor het pureren andere smaakgevers toe, bijvoorbeeld 1 theelepel pure vanille-essence, een paar druppels amandelessence of 2 theelepels vers geraspte gemberwortel.

- Wilt u een dikke shake, voeg dan voor het pureren enkele ijsblokjes toe.

circa 150 g schoongemaakte vruchten, bijvoorbeeld bessen, mango, banaan, papaja, perzik, abrikoos, meloen of kiwi

250 ml magere yoghurt

250 ml vruchtensap, bijvoorbeeld sinaasappel-, ananas- of cranberrysap

50 g amandelpoeder

2 eetlepels honing

3–4 eetlepels tarwekiemen

een snufje kaneel

VOOR 2 PERSONEN

muffins

Niets is zo lekker als een schaal met zelfgebakken muffins voor een bijzonder ontbijt: eigenlijk liefst met boter, en daarbij een kop koffie of thee. Hoewel ovenverse muffins het lekkerst zijn, kunt u ze ook de avond van tevoren bakken; laat ze afkoelen, doe ze in een afsluitbare trommel en verwarm ze vlak voor u ze serveert.

citroenmuffins met maanzaad

250 g bloem

1 theelepel bakpoeder

¼ theelepel fijn zeezout

3 eetlepels maanzaad

200 g suiker

2 eieren, losgeroerd

raspsel van 2 citroenen en sap van 1 citroen

65 g boter, gesmolten, of 80 ml zonnebloemolie

1 theelepel vanille-essence

125 ml magere yoghurt

een goed ingevette muffin-vorm voor 6 of 12 muffins

VOOR 6 GROTE OF 12 KLEINE MUFFINS

Zeef de bloem met het bakpoeder in een kom en schep er het zout en maanzaad door. Voeg de overige ingrediënten toe en vouw alles snel door elkaar; roer vooral niet te lang. Schep het beslag in de ingevette vorm en plaats deze 20-30 minuten in een op 180 °C voorverwarmde oven, tot de muffins goudgeel en stevig zijn. Laat ze 10 minuten afkoelen in de vorm, maak ze los en leg ze op een taart-rooster.

VARIATIES

• Bessenmuffins: laat het maanzaad en het citroenraspsel en -sap weg. Schep 200 g blauwe bessen door het beslag.

• Muffins met vruchten en noten: laat het maanzaad en het citroenraspsel en -sap weg. Schep 75 g gemengde gedroogde vruchten en 75 g klein-gesneden noten door het beslag.

maïsmuffins

75 g bloem

2 theelepels bakpoeder

1 theelepel fijn zeezout

300 g grove polenta of geel maïsmeel

100 g fijne rietsuiker

2 eieren, losgeroerd

100 g boter, gesmolten (125 ml)

175 ml melk

150 g verse maïskorrels (of uit blik, afge-spoeld en uitgelekt)

een goed ingevette muffinvorm voor 6 of 12 muffins

VOOR 6 GROTE OF 12 KLEINE MUFFINS

Verhit de ingevette vorm 5 minuten in een op 190 °C voorverwarmde oven (zo wor-den de muffins lekker knapperig van bui-ten). Zeef intussen de bloem met het bakpoeder in een kom en schep er het zout, de polenta of het maïsmeel en de suiker door. Voeg de eieren, gesmolten boter en melk toe en roer alles tot een glad mengsel. Schep de maïskorrels erdoor. Schep het beslag in de geprepa-reerde vorm en plaats deze 20-30 minu-ten in de oven (bij dezelfde temperatuur), tot de muffins goudgeel en stevig zijn. Laat ze 10 minuten afkoelen in de vorm, maak ze los en leg ze op een taartrooster.

VARIATIE

• Maïsmuffins met chilipeper of paprika: gebruik slechts 1 eetlepel suiker. Voeg 1 theelepel fijngesneden chilipeper of 50 g fijngesneden rode paprika toe.

Met een stapeltje luchtige Amerikaanse pannenkoeken voor het ontbijt kunt u weer uren voort. Dit is een variatie op een recept uit *The Joy of Cooking*, het Amerikaanse kookboek. Een beter beslag bestaat er niet! Maak het de avond tevoren en zet het tot gebruik in de koelkast. De volgende ochtend maakt u in een handomdraai een verrukkelijk ontbijt.

amerikaanse pannenkoeken

250 g bloem

2 theelepels bakpoeder

1 theelepel zeezout

3 eetlepels suiker

250 ml melk

2 eieren, losgeroerd

50 g ongezouten boter, gesmolten, plus extra om in te bakken

AHORNSIROOP MET BOTER

80 ml ahornsiroop

25 g boter

8–12 STUKS, VOOR 4 PERSONEN

Zeef de bloem met het bakpoeder, het zout en de suiker in een kom. Meng in een grote maatbeker de melk, eieren en de 50 g gesmolten boter. Voeg het bloemmengsel toe en klop alles snel tot een beslag (het geeft niet als er wat klontjes in zitten; dat is juist prima). U kunt het beslag ook in een kom maken en het overdoen in een maatbeker.

Verhit een gietijzeren koekenpan of grillplaat zonder ribbels tot hij vrij heet is, vet hem licht in met wat boter en schenk kleine pannenkoekjes van 8-10 cm doorsnee in de pan (zoals voor drie-in-de-pan). Bak ze 1-2 minuten, of tot zich bubbels vormen aan de bovenkant en de onderkant goudbruin kleurt. Keer ze en bak ze nog 1 minuut. Houd ze warm in de oven terwijl u de rest bakt.

Verwarm de ahornsiroop met de boter in een klein pannetje of in de magnetron. Stapel de pannenkoekjes op voorverwarmde borden en schenk de botersiroop erover.

PANNENKOEKJES MET HÜTTENKÄSE

Maak het beslag zoals hierboven aangegeven en roer er 8 eetlepels Hüttenkäse door. Volg verder het recept. Serveer de pannenkoekjes met verse bosvruchten, kersenjam of zwarte-bessenjam en crème fraîche, zure room of dikke yoghurt.

Een van mijn favoriete gerechten uit mijn geboorteplaats in het zuidwesten van de Verenigde Staten. Deze burrito's zijn heel snel en gemakkelijk te maken, en u kunt 's ochtends extra tijd besparen als u de salsa de avond van tevoren klaarmaakt, of kant-en-klare salsa van goede kwaliteit gebruikt – ideaal voor slaperige koks.

ontbijtburrito's

Maak eerst de burrito's. Leg elke tortilla op een groot vel aluminium-folie, bestrijk ze met de bonenpuree en verdeel de geraspte kaas erover. Trek de punten van het folie bijeen naar het midden toe, zodat de tortilla's vrij vlak blijven, en sluit de pakketjes af. Plaats ze 7-10 minuten in een op 200 °C voorverwarmde oven, tot de kaas gesmolten is en de tortilla's en de bonen goed warm zijn, maar niet knapperig worden.

Roer intussen de eieren, melk, het chilipoeder, de oregano en zout en peper door elkaar in een kom. Verhit de olie in een koekenpan met anti-aanbaklaag, voeg het eiermengsel toe en bak dit al omscheppend tot het net stolt. Haal de burritopakketjes uit de oven, vouw ze open en verdeel het roerei erover. Vouw de pakketjes weer dicht en houd ze warm in de oven.

Haal de burrito's vlak voor u ze wilt serveren uit de oven, leg ze op een bord en open het folie. Rol de burrito's met behulp van het folie op. Schep hierop wat salsa, guacamole en een lepel dikke yoghurt.

4 grote bloemtortilla's van 20 cm doorsnee

400 g refried beans (gebakken pintobonen) uit blik; of pinto- of bor-lottibonen; afgespoeld, uitgelekt en geprakt

200 g rijpe Cheddarkaas, geraspt

6 eieren

2 eetlepels melk

1 theelepel mild chili-poeder

snufje gedroogde oregano

1 eetlepel olijfolie

zeezout en versgemalen zwarte peper

SERVEREN MET

zoetzure jalapeñosalsa of salsa fresca (blz. 62-63)

guacamole (blz. 13)

dikke yoghurt

VOOR 4 PERSONEN

japanse omelet

Van een Japanse vriend leerde ik de baktechniek voor deze vederlichte omeletrol; hij is heel verfijnd en bestaat uit een heleboel dunne laagjes gebakken ei, krachtig op smaak gebracht met shiitake paddestoelen. Deze omelet is voor vier personen en heel geschikt voor een brunch of voor een lui weekendontbijt. Hebt u echt honger, serveer hem dan met gegrillde trostomaten, plakjes avocado en warme toast met boter. Perfect!

6 verse of gedroogde shiitake
paddestoelen

3 theelepels plantaardige olie

8 eieren

125 ml groentebouillon of weekvocht van de paddestoelen (zie
stap 1).

1–1½ eetlepel lichte sojasaus

1 eetlepel mirin (Japanse zoete
rijstwijn) of 1 theelepel suiker

koekenpan van 28 cm doorsnee, met
anti-aanbaklaag

VOOR 4 PERSONEN

1 Gebruikt u gedroogde shiita-
kes, laat deze dan 30 minuten
wellen in heet water. Giet ze af en
vang 125 ml van het weekvocht
op. Snijd de paddestoelen in
dunne plakjes. Verhit 2 theelepels
van de olie in de pan en bak hierin de paddestoelen in 2 minuten
goudbruin. Laat ze uitlekken op
keukenpapier en houd ze apart.

2 Doe de eieren, de groentebouillon of het weekvocht van de
paddestoelen, de sojasaus en de
mirin of suiker in een maatbeker.
Roer alles met een vork door
elkaar. Verhit de koekenpan
opnieuw en voeg de resterende
olie toe. Schenk precies zoveel
van het eiermengsel in de pan
dat dit de bodem bedekt, en
wentel de pan.

3 Strooi enkele paddestoelen
over het eiermengsel en bak de
omelet tot hij net stolt, maar niet
droog wordt. Maak de randen los
met een hittebestendige (vis)spa-
tel (niet van metaal). Rol de omelet op vanaf de ene kant van de
pan. Laat hem langs de rand
liggen.

4 Schenk opnieuw een deel van het eiermengsel in de pan, tot aan de opgerolde omelet. Voeg enkele paddestoelen toe en bak de omelet tot hij net stolt. Rol de nieuwe omelet tezamen met de opgerolde omelet op, waarbij u alles naar de nadere kant van de koekenpan rolt.

5 Herhaal deze handelingen zodat u een vrij dikke omeletrol van een heleboel verschillende laagjes krijgt en ga door tot al het beslag en de paddestoelen opgebruikt zijn.

6 Laat de omeletrol uit de pan op een groot vel aluminiumfolie glijden. Vorm er een dikke worst van en knijp de zijkanten dicht. Laat het geheel 5-10 minuten rusten.

7 Wikkel de omeletrol uit het folie en snijd hem dwars in 4 tot 8 plakken. Serveer hem.

knolselderij-sinaas-appelsoep

met saffraan en peterseliegremolata

Een elegante, rijke soep. Hij is ook geschikt voor veganisten: u vervangt dan de boter door olijfolie en laat de yoghurt of crème fraîche achterwege. De peterseliegremolata is niet noodzakelijk, maar geeft de soep wat extra kleur en smaak.

Verhit de boter of olie in een pan en bak de ui hierin tot hij glazig is. Voeg de blokjes knolselderij en aardappel (als u die gebruikt) toe. Bak de groenten afgedekt 10 minuten op laag vuur, onder af en toe omscheppen. Voeg de overige ingrediënten toe. Breng alles aan de kook en laat de soep 20 minuten zachtjes prutelen tot de groenten gaar zijn. Pureer hem met een staafmixer, of pureer hem zo nodig in gedeelten in een keukenmachine.

Maak nu indien gewenst de gremolata. Doe alle ingrediënten in een blender of vijzel en pureer ze tot een glad mengsel.

Schep de soep in voorverwarmde kommen. Voeg wat gremolata en crème fraîche of yoghurt toe.

2 eetlepels boter of 2 eetlepels olijfolie

1 grote ui, fijngehakt

1 knolselderij van circa 750 g, geschild en in blokjes gesneden (u kunt indien gewenst ook wat blokjes aardappel toevoegen)

1 liter groentebouillon

½ theelepel saffraandraadjes, licht fijngewreven in een vijzel

1 eetlepel honing

raspsel en sap van 1 grote sinaasappel

zeezout en versgemalen zwarte peper

crème fraîche of dikke yoghurt, om erbij te serveren

PETERSELIEGREMOLATA (INDIEN GEWENST)

1 teen knoflook

1 theelepel grof zeezout

handvol verse bladpeterselie

2 eetlepels olijfolie

VOOR 4 PERSONEN

soepen & salades

Ik weet niet meer hoe vaak mensen mij hebben verteld dat dit de beste gazpacho is die ze ooit geproefd hebben. Het is moeilijk iets verfrissenders te bedenken voor een warme zomerdag dan deze ijskoude soep met avocado, limoen, komijnzaad en chilipeper. Heeft u een vooruitziende blik, vries dan korianderblaadjes in ijsblokjes in: zo geeft u uw soep een decoratief accent.

mexicaanse gazpacho

2 tenen knoflook

1 theelepel grof zeezout

30 cm komkommer, kleingesneden

1 gele paprika, zaadlijsten verwijderd, kleingesneden

2 stengels bleekselderij, kleingesneden

4 rijpe tomaten, kleingesneden

1 rode ui, kleingesneden

1 liter versgeperst tomatensap

2 theelepels komijnzaad, geroosterd in een koekenpan

1 theelepel mild chilipoeder

1 rijpe avocado, doorgesneden en pit verwijderd

sap van 2 limoenen

versgemalen zwarte peper

SERVEREN MET
korianderblaadjes in ijsblokjes, of fijngehakte koriander

VOOR 6 PERSONEN

Wrijf de knoflook met het zout fijn in een vijzel. Doe de komkommer, paprika, bleekselderij, tomaten en ui in een kom en schep de knoflookpuree erdoor. Doe de helft van het mengsel in een keukenmachine en werk het met de pulseerknop door elkaar tot een dikke, niet te gladde puree. Doe het in een andere kom. Pureer vervolgens de rest van het groentemengsel glad en voeg het toe aan de kom. Meng er het tomatensap, komijnzaad, chilipoeder en versgemalen zwarte peper naar smaak door.

Plaats de soep enkele uren of een hele nacht in de koelkast, tot hij door en door koud is. Heeft u weinig tijd, plaats hem dan 30 minuten in de diepvries.

Snijd de avocado in kleine blokjes, schep die goed om met limoensap en roer ze door de gazpacho.

Schep de soep in gekoelde kommen. Voeg enkele ijsblokjes toe of strooi er fijngehakte koriander over.

shiitake-portobello-paddestoelensoep

met madera and tijm

Deze soep is heel eenvoudig. U hebt hiervoor veel paddestoelen nodig, maar deze slinken tijdens de bereiding en geven de aromatische bouillon een heerlijke smaak.

25 g boter

1 middelgrote ui, fijn-gehakt

2 tenen knoflook, fijn-gehakt

250 g shiitake paddestoe-len, in stukken gesneden of gebroken

250 g portobellopadde-stoelen of weidechampig-nons, in stukken gesne-den of gebroken

150 ml madera of droge sherry

500 ml groentebouillon

bosje verse tijm, samen-gebonden met een touwtje

zeezout en versgemalen zwarte peper

SERVEREN MET

slagroom

fijngesneden peterselie

vers gemalen zwarte peper

VOOR 4 PERSONEN

Laat de boter smelten in een grote pan en bak hierin de ui op laag vuur glazig. Voeg de knoflook en paddestoelen toe, plus zout en peper. Draai het vuur hoger en bak de paddestoelen afgedekt 5 minuten, onder af en toe omscheppen, tot ze zachter worden en het vocht vrijkomt.

Schenk de bouillon en de madera of sherry erbij. Voeg het bosje tijm toe. Breng de bouillon aan de kook en laat de soep afgedekt 15 minuten trekken. Verwij-der het bosje tijm. Pureer de soep grof met een staafmixer, of pureer hem zo nodig in gedeelten in een keukenmachine. Schep de soep in voorverwarmde kom-men en garneer met een schepje room, fijngesneden peterselie en flink veel zwarte peper.

linzensoep met kokos en spinazie

Puy-linzen komen uit Frankrijk en staan hoog aangeschre-ven onder de peulvruchten. Ze hebben een aparte smaak, en behouden hun structuur tijdens het koken. Eventueel kunt u groene of bruine linzen gebruiken. Voeg de spinazie het laatst toe; hij wordt niet meegekookt.

150 g Puy-linzen

1 liter groentebouillon

1 ui, fijngehakt

2 grote tenen knoflook, fijngehakt

2 theelepels gemalen komijn

100 g kokoscrème, fijn-gesneden en opgelost in 150 ml kokend water, of

250 ml kokosmelk uit blik

2–3 eetlepels donkere sojasaus

4 plukjes jonge spinazie (circa 50 g)

zeezout en versgemalen zwarte peper

VOOR 4 PERSONEN

Spoel de linzen af, doe ze in een grote pan en over-giet ze krap met koud water. Kook ze 10 minuten. Voeg de overige ingrediënten toe, behal-ve de spinazie. Draai het vuur laag en laat de soep nog 20-30 minuten trekken tot de linzen gaar zijn.

Verdeel de spinazie over 4 voorverwarmde kommen en schep de soep erover. Door de warme soep wor-den de spinazieblaadjes vanzelf zacht. Serveer hierbij warm pittabrood of naanbrood.

Deze variatie op koolsla is gebaseerd op het Thaise gerecht *som tum*, dat meestal gemaakt wordt met geraspte groene papaja (als de vrucht onrijp is, is hij stevig en knapperig en kan hij geraspt worden). Groene papaja is niet gemakkelijk te vinden, dus ik heb hier ter vervanging rodekool gebruikt. De andere inspiratiebron was Amerikaanse *coleslaw*. Het is misschien grappig te weten dat deze direct ontleend is aan Nederlandse koolsla!

thaise koolsla

Maak eerst de dressing. Houd enkele korianderblaadjes apart en maal de rest fijn in een blender of keukenmachine. Voeg de chilipepers, knoflook, sojasaus, het limoensap en de suiker toe en pureer alles. Houd de dressing apart.

Blancheer de sperziebonen 2 minuten in kokend water en spoel ze direct af met koud water. Meng in een kom de fijngesneden kool, de bonen, tomaten en bosuitjes. Schenk de dressing erover en schep de koolsla goed om. Laat hem circa 30 minuten marineren. Bekleed 4 kommen met de blaadjes sla (als u die gebruikt) en verdeel de koolsla erover. Bestrooi hem met de gehakte pinda's en de resterende korianderblaadjes.

---

100 g sperziebonen, bijgesneden

200 g fijngesneden rode- of wittekool

3 pomodoretomaten, overlangs doorgesneden, zaad verwijderd, in plakjes

4 bosuitjes, fijngesneden

50 g pinda's, grofgehakt

4 mooie ronde slablaadjes die een soort bakjes vormen, om de sla in te serveren (indien gewenst)

DRESSING

handvol vers korianderblad

2 rode chilipepers, zaad verwijderd

2 tenen knoflook, fijngehakt

2 eetlepels lichte sojasaus

2 eetlepels vers geperst limoensap

2 eetlepels palmsuiker of bruine basterdsuiker

VOOR 4 PERSONEN

gegrillde asperge-salade

met sesam-sojadressing

Het aspergeseizoen is maar kort en ik geniet dan bijna elke dag van deze groente. Ik vind grillen de beste bereidingswijze: zo worden ze dichtgeschroeid en blijft de zoete, aardse smaak behouden. Met hardgekookte eieren een lekker hoofdgerecht!

3 eetlepels sesamzaad

2 bossen groene asperges (circa 24 stuks)

2 eetlepels donkere sojasaus

2 eetlepels balsamicoazijn

5 eetlepels olijfolie, plus extra om de asperges mee te bestrijken

300 g gemengde groene slablaadjes

VOOR 4–6 PERSONEN

Rooster de sesamzaadjes licht in een droge koekenpan, onder regelmatig omscheppen, tot ze goud kleuren en opspringen in de pan. Schep ze in een kommetje en laat ze afkoelen.

Was de asperges en snijd harde steeluiteinden af. Verhit een grillplaat op het fornuis tot deze zeer heet is, en leg de asperges hierop (zo nodig in gedeelten). Grill ze onder af en toe keren tot ze helder groen kleuren, blaren vormen en hier en daar donker schroeien.
Dit duurt 5-7 minuten, afhankelijk van de dikte.

Doe het geroosterde sesamzaad, de sojasaus en balsamicoazijn in een kommetje en klop er de 5 eetlepels olijfolie geleidelijk door, zodat u een gladde dressing krijgt. Verdeel vlak voor het serveren de slablaadjes over een schaal, schik de asperges erop en sprenkel de dressing erover.

1 kg krielaardappeltjes, schoongeboend

4 bosuitjes, fijngesneden

3 eetlepels kappertjes

125 g crème fraîche

125 g magere yoghurt

1 theelepel citroenraspsel

½ theelepel saffraandraadjes, geweekt in 1 eetlepel heet water

zeezout en versgemalen zwarte peper

gesnipperde bieslook, ter garnering

VOOR 4–6 PERSONEN

Kook de krieltjes in licht gezouten, kokend water in circa 15-20 minuten gaar. Giet ze af en laat ze afkoelen.

Meng de resterende ingrediënten in een schaal, voeg de krieltjes toe en schep ze goed om. Plaats de salade afgedekt minstens 30 minuten in de koelkast, zodat de smaken zich kunnen vermengen. Strooi er vlak voor het serveren de gesnipperde bieslook over.

aardappelsalade met saffraan

Dit is geen gewone aardappelsalade: hij is gehuld in een heerlijk romige dressing die met saffraan op smaak gebracht is. Serveer hem eens met andere salades, bijvoorbeeld Puy-linzen met citroensap, ui en kruiden, en een gemengde groene salade met zoetzure dressing.

1 krop Romeinse sla of bindsla, grote buitenbladeren verwijderd; of 2 kleine kropjes (little gem)

vers geraspte Parmezaanse kaas, om erbij te serveren

CROÛTONS

2 dikke sneden wit brood, in blokjes

1 eetlepel olijfolie

DRESSING

2 eieren

4 eetlepels versgeraspte Parmezaanse kaas

3 eetlepels witte-wijnazijn

2 eetlepels vegetarische worcestersaus

1 eetlepel gesnipperde bieslook (indien gewenst)

4 eetlepels olijfolie

zeezout en versgemalen zwarte peper

VOOR 4–6 PERSONEN

Deze klassieke salade zal altijd populair blijven en krijgt telkens een eigentijds accent. In het oorspronkelijke recept worden zeer zacht gekookte eieren gebruikt; veel vegetariërs houden daar niet erg van, en ze zijn ook niet geschikt voor heel jonge of oude mensen, zieken en zwangere vrouwen. Als u de eieren iets minder zacht kookt, maakt u er een heerlijke dressing mee. Ansjovis is overbodig als u een vegetarische worcestersaus gebruikt. Kunt u die niet vinden, voeg dan een extra snufje zout toe.

caesarsalade

Maak eerst de croûtons. Doe de blokjes brood in een kom, sprenkel de olie erover en schep ze goed om. Spreid ze uit op een bakplaat en bak ze circa 10 minuten in een op 190 °C voorverwarmde oven, tot ze aan alle kanten goudbruin en knapperig zijn. Controleer tussentijds af en toe of het brood niet verbrandt.

Maak nu de dressing. Zet de eieren op in een pannetje met koud water en kook ze 5-6 minuten. Giet ze direct af en laat ze schrikken onder koud stromend water. Laat ze afkoelen en pel ze. Doe ze in een kommetje en prak ze met een vork. Voeg de overige ingrediënten voor de dressing toe, behalve de olie, en klop alles krachtig door elkaar. Werk er tenslotte beetje bij beetje de olie door en klop tot u een gladde dressing hebt.

Scheur de slablaadjes klein en doe ze in een grote kom. Schenk de dressing erover en schep de salade goed om. Strooi de croûtons en de Parmezaanse kaas erover.

warme kikkererwtensalade

met gekruide champignons

Deze maaltijdsalade is geïnspireerd op de Midden-Oosterse keuken, waar peulvruchten, yoghurt en munt veel gebruikt worden. Dit gerecht wordt nog vullender als u het serveert op een bedje van couscous of bulgur. Heeft u geen tijd om de kikkererwten te laten weken en daarna te koken, dan kunt u kikkererwten uit blik gebruiken. Er is eigenlijk geen verschil in smaak.

150 g gedroogde kikkererwten, of 400 g kikkererwten uit blik

3 eetlepels olijfolie

300 g kleine champignons

2 tenen knoflook, fijngehakt

1 rode chilipeper, zaad verwijderd en fijngesneden

2 theelepels gemalen komijn

sap van 1 citroen

175 ml dikke (Griekse) yoghurt

flinke handvol muntblaadjes, fijngehakt

250 g jonge spinazie

zeezout en versgemalen zwarte peper

VOOR 4 PERSONEN

Gebruikt u gedroogde kikkererwten, laat deze dan een nacht weken in koud water. Spoel ze af en laat ze uitlekken. Doe ze in een pan, overgiet ze met water en breng ze aan de kook. Kook ze 10 minuten en voeg dan pas zout toe. Draai het vuur laag en laat ze 1-1½ uur pruttelen tot ze gaar zijn. Gebruikt u kikkererwten uit blik, spoel ze dan af en laat ze uitlekken.

Verhit 2 eetlepels van de olie in een koekenpan. Bak hierin de champignons met wat zout tot ze gaar zijn. Draai het vuur laag en voeg de knoflook, chilipeper en kikkererwten toe. Bak alles 2 minuten en voeg de komijn en de helft van het citroensap toe. Bak alles tot bijna alle vocht verdampt is. Haal de pan van het vuur.

Doe de yoghurt in een kom. Voeg de fijngehakte munt en de rest van het citroensap en de olie toe. Strooi er zout en peper bij en roer alles goed door elkaar. Verdeel de spinazie over 4 borden of schik ze op een schaal. Schep het kikkererwtenmengsel erover. Schenk de dressing erover.

2 rode paprika's, gehal-
veerd, zaadlijsten
verwijderd

2 gele paprika's, gehal-
veerd, zaadlijsten
verwijderd

500 g rijpe pomodore-
tomaten

4 eetlepels rode-wijnazijn

2 tenen knoflook, fijn-
gewreven met wat grof
zeezout

versgemalen zwarte
peper

125 ml extra vergine
olijfolie, plus extra om
over de salade te
sprenkelen

2 eetlepels kappertjes

75 g zwarte olijven, ontpit

1 kleine of ½ grote cia-
batta van 1 dag oud, in
grove blokjes gesneden

bosje verse basilicum,
blaadjes in flinters
gescheurd

VOOR 4–6 PERSONEN

Maak deze overheerlijke salade met echt rijpe tomaten die veel smaak hebben. Het brood absorbeert de rijke, zomerse smaak van de tomaten en de geroosterde paprika. Gebruik hiervoor beslist stevig en lekker knapperig brood, bijvoorbeeld boerenbrood of zuurdesem, zodat de salade niet papperig wordt.

toscaanse panzanella

Leg de halve paprika's met de bolle kant naar boven op een bakplaat en grill ze tot er blaren komen en ze donker kleuren. Doe ze in een plastic zakje, sluit dit en laat ze afkoelen (door de stoom komt het vel los). Ontvel de paprika's en snijd ze in reepjes. Vang het sap op.

Snijd de tomaten doormidden en lepel boven een kommetje de kernen eruit; vang het sap op. Pureer de uitgelepelde kernen en druk in een zeef het sap eruit; vang dit op. De pulp heeft u niet meer nodig. Snijd de tomaten in reepjes.

Doe het tomatensap, de azijn, knoflook en versgemalen zwarte peper in een kom. Klop er beetje bij beetje de 125 ml olijfolie door, tot u een gladde dressing hebt.

Meng in een kom de reepjes paprika en tomaat. Voeg de kappertjes, olijven, ciabatta en basilicum toe en schep alles door elkaar. Voeg de dressing toe, schep de salade goed om en laat hem 1 uur rusten, zodat de smaken zich kunnen vermengen. Sprenkel er vlak voor het serveren wat extra olijfolie over.

Schil de aardappelen en rasp ze grof op een vierkante rasp of met de raspschijf van een keukenmachine. Laat het raspsel uitlekken in een zeef. Druk er zoveel mogelijk vocht uit, anders spetteren ze tijdens het bakken. Doe ze in een kom. Hak de ui zeer fijn en voeg hem toe aan de aardappelen. Voeg het citroensap en -raspsel, de bloem, het bakpoeder en zout toe en schep alles goed door elkaar. Doe het mengsel weer in de zeef en laat het uitlekken, ook terwijl u de latkes bakt.

Verhit circa ½ cm olie in een koekenpan. Schep volle eetlepels van het latkebeslag in de olie en plet ze licht. Bak ze aan elke kant 2-3 minuten en schep ze met een schuimspaan uit de pan. Laat ze uitlekken op gekreukeld keukenpapier. Houd de latkes warm in de oven terwijl u de rest bakt.

Lepel het vruchtvlees van de avocado's in een kom en prak het met een vork. Voeg de overige ingrediënten toe en roer alles tot een glad mengsel. Serveer de avocadoroom bij de latkes.

TIP: Latkes zijn heerlijk als borrelhapjes. Maak bijvoorbeeld kleine latkes van theelepels beslag, beleg ze met de avocadoroom en garneer ze met korianderblaadjes.

citroen-aardappellatkes

en avocadoroom met gember

Deze gebakken aardappelkoekjes zijn weliswaar een beetje decadent, maar u zult er beslist geen spijt van hebben. Houd ze klein, dan zijn ze in een paar minuten gaar. Eet ze zo snel mogelijk, of verwarm ze vlak voor het serveren 5 minuten in een zeer hete oven. Latkes zijn nog lekkerder als u er deze pittige avocadoroom bijgeeft, of een van de dipsauzen van blz. 59.

2 grote aardappelen
(circa 750 g)

1 kleine ui

raspsel van 1 citroen

2 theelepels versgeperst
citroensap

4 eetlepels bloem

¼ theelepel bakpoeder

1 theelepel zeezout

olijfolie om in te bakken

AVOCADOROOM MET GEMBER

1 grote rijpe avocado,
doorgesneden en pit
verwijderd

sap van 1 limoen

1–2 theelepels fijnge-
raspte gember

½ theelepel uitgeperste
knoflook

1 rode chilipeper, zaad
verwijderd en fijngesne-
den, of 1 eetlepel chili-
saus

1 eetlepel lichte soja-
saus

2 eetlepels dikke
yoghurt

VOOR 20–24 LATKES

Doe de bloem met het zout in een grote kom en maak een kuiltje in het midden. Verkruimel de gist, roer hem los met 4 eetlepels lauwwarm water en schenk er nog 250 ml lauwwarm water bij. Schenk dit mengsel in het kuiltje en voeg 2 eetlepels olie toe. Werk de bloem door het gistmengsel, zodat u een zacht maar niet kleverig deeg krijgt. Is het te droog of te kleverig, voeg dan nog wat water of bloem toe.

Leg het deeg op een met bloem bestoven werkvlak en kneed het 10 minuten, tot het glad en elastisch is. Doe de deegbal in een met olie ingevette kom en rol hem rond tot hij aan alle kanten glanst. Dek hem af met een vochtige theedoek en laat hem op een warme plaats in circa 30 minuten rijzen tot het dubbele volume.

Maak intussen het beleg. Snijd de uien doormidden en in dikke plakken. Verhit de olie in een koekenpan en bak de uien hierin goudbruin. Voeg het zout, de suiker en de wijn toe en laat de uien in 3-5 minuten karameliseren.

Bestrooi een bakplaat met polenta of maïsmeel. Daardoor hecht het brood niet aan de bakplaat en krijgt het een knapperige bodem.

Sla het gerezen deeg in met uw knokkels. Leg het op de bakplaat en plet het tot een rond brood van circa 2 cm dik. Verdeel de gekarameliseerde uien en de kaas erover. Laat het brood afgedekt 30 minuten rijzen (niet langer, anders wordt het hard en droog). Bak het brood 30-40 minuten in een op 220 °C voorverwarmde oven, tot het goudbruin kleurt. Laat het enigszins afkoelen, snijd het in punten en serveer deze.

500 g bloem

1 theelepel zeezout

15 g verse gist*

2 eetlepels olijfolie, plus extra om in te vetten

3 eetlepels polenta of maïsmeel

BELEG VAN KAAS EN UIEN

500 g rode uien

2 eetlepels olijfolie

flink snufje zeezout

1 theelepel suiker

75 ml witte of rode wijn

100 g geraspte gruyère-kaas

VOOR 4–6 PERSONEN

U kunt ook instantgist gebruiken: meng 7 gram instantgist met de bloem en het zout. Maak een kuiltje in het midden, schenk hier 250 ml lauwwarm water in en volg verder het recept.

met gekarameliseerde ui en gruyère
focaccia

Ik heb lange tijd erg opgezien tegen broodbakken en dacht dat het veel te veel werk was. Een paar jaar geleden was een van mijn goede voornemens voor nieuwjaar dat ik elke week tweemaal brood zou bakken. Zo werd het uiteindelijk een makkie. Brood kneden is erg ontspannend; bovendien is het een goede oefening voor de armspieren en krijg ik het er lekker warm van als het koud is. Dit is een heel eenvoudig brood dat met zijn rijke beleg een beetje op een pizza lijkt. Het is heerlijk als complete maaltijd en perfect bij soep.

Een explosie van smaak en structuur: het knapperige buitenlaagje verhult gefrituurde paddestoelen die sappig zijn maar niet te veel vet hebben opgenomen. In plaats van gedroogde porcini kunt u ook fijngesneden rode chilipeper of fijngehakte kruiden toevoegen aan de kaasvulling. Deze balletjes zijn lekker als voorafje of voor een feestelijke borrel.

polentaballetjes met paddestoelenvulling

32 champignons van 2½-5 cm, met gesloten hoeden

75 g polenta of maïsmeel

3 eetlepels sesamzaad

1 theelepel zeezout

2 eieren

zonnebloemolie om in te frituren

ROOMKAASVULLING

10 g gedroogde porcini (eekhoorntjesbrood)

150 g roomkaas

handvol bieslook, gesnipperd

zeezout en versgemalen zwarte peper

16 STUKS,
VOOR 4–6 PERSONEN

Maak eerst de vulling. Overgiet de gedroogde paddestoelen met kokend water en laat ze 20 minuten wellen. Giet ze af, druk het vocht eruit en snijd ze fijn. Doe ze in een kom en voeg de roomkaas, bieslook, zout en peper toe. Meng alles goed door elkaar. Houd het mengsel apart.

Snijd de steeltjes van de champignons en snijd aan de bovenkant van de hoeden circa ½ cm af. De afsnijdsels hebt u niet nodig. Vul 16 hoeden elk met 1-2 theelepels van het roomkaasmengsel, dek ze af met de resterende hoeden en druk ze stevig aan, zodat u 16 balletjes hebt.

Meng in een kom de polenta of het maïsmeel met het sesamzaad en zout. Breek de eieren in een kommetje en roer ze los. Wentel de paddestoelballetjes door het ei en vervolgens door het polentamengsel. Druk dit goed aan en zorg dat de balletjes rondom goed bedekt zijn. Plaats ze tot gebruik minstens 15 minuten in de koelkast.

Verhit een bodempje olie van 2 cm in een grote koekenpan tot deze zeer heet is en een blokje brood hierin in 30 seconden bruin kleurt. Voeg de balletjes in kleine porties toe en frituur ze in circa 10 minuten goudbruin. Schep ze met een schuimspaan uit de pan en laat ze uitlekken op keukenpapier. Serveer ze warm.

**grote bloemtortilla's
(20 cm doorsnee)**

**geraspte cheddarkaas,
verkruimelde feta of
roomkaas**

**zonnebloemolie om de
koekenpan in te vetten**

VULLING, KIES UIT:

kleingesneden tomaten

fijngesneden bosuitjes

**fijngesneden rode chili-
pepers**

**zoetzure, fijngesneden
jalapeñopepers**

**ingemaakte uien, fijn-
gesneden**

dunne plakjes courgette

champignonplakjes

kleingesneden paprika

kleingesneden avocado

ontpitte zwarte olijven

**geprakte bonen, bijvoor-
beeld refried beans
(gebakken pintobonen)
uit blik, of pinto- of
borlottibonen**

gemalen komijn

**pimentón (gerookt papri-
kapoeder)**

**SERVEREN MET (INDIEN
GEWENST)**

**fijngehakt koriander-
blad**

**yoghurt, crème fraîche
of zure room**

**SERVEER 1 TORTILLA
PER PERSOON**

Vet een grote koekenpan licht in met 1 theelepel olie. Leg een tortilla plat in de pan en schep er kaas en 4 of 5 soorten vulling naar keuze op. Dek af met een tweede tortilla en druk deze licht aan. Bak het geheel 5-7 minuten op matig vuur tot de onderste tortilla goudbruin en knapperig is. Dek de pan af met een bord, keer het geheel en laat het weer in de pan glijden. Bak de andere kant. Snijd de gevulde tortilla's in punten.

Serveer de quesadilla's met fijngehakte koriander en yoghurt, crème fraîche of zure room, als u die gebruikt.

VARIATIE

Zo bereidt u deze tortilla's onder de grill of in de oven: leg een tortilla op een licht ingevette bakplaat en verdeel hierover wat kaas (liefst cheddar). Voeg beleg naar keuze toe. Plaats hem 10 minuten onder een hete grill of in een op 180 °C voorverwarmde oven, of tot de kaas gesmolten is.

quesadilla's

U hebt plotseling flinke trek gekregen en kijkt in de koelkast. Daar ziet u een paar tomaten, bosuitjes, kaas en een pakje bloemtortilla's. Prima! Binnen 15 minuten hebt u een heerlijk hapje. De hoeveelheden heb ik niet exact opgegeven: u neemt gewoon zoveel als u wilt. Dit Mexicaanse hapje kunt u bakken, grillen of in de oven bereiden; het is ook heel geschikt voor een feestje.

bruschetta met beleg

1 ciabattabrood of ander landelijk brood

1 dikke teen knoflook, dwars doorgesneden

fruitige extra vergine olijfolie om het
brood mee te besprenkelen

TOMATEN UIT DE OVEN

1 kg pomodore- of trostomaten

3 tenen knoflook, in plakjes

2 eetlepels olijfolie

2 theelepels balsamicoazijn

snufje suiker

zeezout en versgemalen zwarte peper

5-6 blaadjes basilicum, in flinters,
ter garnering (indien gewenst)

BOSPADDESTOELEN MET APPELS EN MADERA

15 g boter

200 g gemengde wilde paddestoelen, bijvoorbeeld cantharellen, porcini, morilles
en oesterzwammen, of een combinatie
van wilde en gekweekte paddestoelen,
bijvoorbeeld gewone champignons en
kastanjechampignons; schoongemaakt
en zo nodig kleingesneden

1 Granny Smith appel, gesneden

1 eetlepel vers geperst citroensap

80 ml madera of droge sherry

75 g mascarpone

zeezout en versgemalen zwarte peper

fijngehakte peterselie, ter garnering

VOOR 4–6 PERSONEN.

Bruschetta is een Italiaanse benaming voor toast. Maar het gaat hierbij niet om gewone toast: u gebruikt hiervoor knapperig, stevig brood zoals ciabatta, zuurdesem of boerenbrood, ingewreven met knoflook en besprenkeld met olijfolie. Beleg ze royaal met een van deze soorten beleg. Reken 2 stukken bruschetta als fantastisch voorafje of 3 voor een hapje of lichte lunch.

Snijd voor de bruschetta het brood in sneetjes van 2 cm dik. Wrijf ze aan beide kanten en met name op de korst in met het snijvlak van de knoflook. Sprenkel de olijfolie erover. Toast ze aan beide kanten in de oven of op een geribbelde grillplaat, tot ze goudbruin kleuren.

Zo maakt u het tomatenbeleg: snijd de pomodoretomaten overlangs doormidden, of snijd de trostomaten dwars doormidden. Bekleed een bakplaat met aluminiumfolie en schik de tomaten hierop, met het snijvlak naar boven. Strooi de knoflook erover en besprenkel ze met olijfolie en balsamicoazijn. Strooi de suiker, het zout en de peper erover. Rooster de tomaten 1½-2 uur in een op 150 °C voorverwarmde oven, tot ze licht geslonken zijn en enigszins kleuren langs de randen. Schik ze vlak voor het serveren op de bruschetta en garneer ze indien gewenst met basilicum.

Zo maakt u het paddestoelenbeleg: laat de boter smelten in een koekenpan en bak hierin de paddestoelen met zout en peper tot ze gaar zijn. Schep de stukjes appel om met het citroensap, voeg ze toe en bak alles nog 2-3 minuten. Voeg de madera of sherry toe en laat alles al omscheppend zachtjes pruttelen tot de alcohol verdampt is en de saus enigszins bindt. Schep de mascarpone er goed door. Schep het mengsel vlak voor het serveren op de bruschetta en garneer ze met fijngehakte peterselie.

kruidige noten

Lekker in een gemengde salade of als knabbel bij de borrel. Ik ben dol op noten en pitten, met name pompoenpitten: deze zwellen prachtig op als u ze roostert. Ze bevatten veel ijzer en mineralen en zijn dus nog gezond ook. Maak zelf een selectie van noten en pitten, bijvoorbeeld zonnebloempitten, pijnboompitten, cashewnoten, macadamianoten, pecans, paranoten en amandelen.

Doe alle ingrediënten behalve de noten en/of zaden in een kom en klop ze goed door elkaar. Voeg de noten en/of zaden toe en schep ze goed om. Spreid ze naast elkaar uit op een bakplaat. Rooster ze in een op 190 °C voorverwarmde oven tot ze goudbruin kleuren, waarbij u ze iedere 2 minuten omschept.

Laat ze afkoelen en serveer ze, of bewaar ze tot gebruik in een goed afgesloten trommel.

1 eetlepel olijfolie

2 theelepels donkere sojasaus

kneepje vers citroensap

snufje suiker

3-4 druppels Tabasco

½ theelepel paprikapoeder

1 theelepel sesamzaad

150 g gemengde ongebrande noten en/of zaden

VOOR 100 G

25 g boter

4 sjalotten of 1 ui, in ringen

100 g cheddar of gruyèrekaas, geraspt

75 ml bier

snufje zeezout

1 theelepel mosterd

2 eieren, losgeroerd

4 sneetjes brood

versgemalen zwarte peper

VOOR 2–4 PERSONEN

welsh rarebit

Welsh rarebit, ook welsh rabbit genoemd, is een overheerlijke variant op toast met kaas. Het eerste recept dateert uit de zestiende eeuw, maar sindsdien zijn er ontelbaar veel variaties op ontstaan. Heeft u zin in een lekker hapje of iets lichts voor de brunch, lunch of het avondeten, dan is welsh rarebit een uitstekende keus.

Laat de boter smelten in een zware pan en bak hierin de sjalotten of ui glazig. Voeg de kaas, het bier, de mosterd en wat zout toe. Roer het mengsel op laag vuur tot de kaas gesmolten is. Voeg de eieren toe en roer nog circa 2-3 minuten tot het mengsel enigszins bindt. Verwarm het niet te lang, anders krijgt u roerei. Rooster het brood aan beide kanten en schep het kaas-eiermengsel erover. Plaats het onder een hete grill tot het mooi opzwelt en donkere vlekjes krijgt. Strooi er flink veel zwarte peper over.

ZOETE CHILISAUS Een heerlijke dipsaus die vooral erg lekker is bij de dim sum van blz. 114. Meng in een kommetje 75 ml golden syrup of rietsuikerstroop, 1 eetlepel sojasaus en 1 eetlepel rijst- of ciderazijn. Schep er 1 in dunne ringetjes gesneden rode chilipeper door. **VOOR 100 ML**

CHILI-KOKOSSAUS Lekker als dip of bij roergebakken groenten. Roer in een kommetje 75 ml kokoscrème los met 2 theelepels chilipasta en 2 theelepels vers geperst limoensap. **VOOR 100 ML**

AZIATISCHE VINAIGRETTE perfect voor noedelsalades. Roer in een kommetje 1 eetlepel donkere sojasaus, 1 eetlepel sesamolie en 1 eetlepel balsamicoazijn door elkaar. **VOOR 3 EETLEPELS**

SOJA-MAYODRESSING Fantastisch met aardappelen of gestoomde groenten. Roer in een kommetje 75 ml mayonaise van goede kwaliteit en 2 eetlepels donkere sojasaus door elkaar. **VOOR 100 ML**

BLAUWE-KAASDRESSING I Een dikke, romige dressing voor een groene salade. Prak 150 g gorgonzola of dolcelatte in een kommetje. Klop er 3 eetlepels witte-wijnazijn, 125 ml olijfolie en zout en peper door, zodat u een gladde en romige dressing krijgt. **VOOR 250 ML**

BLAUWE-KAASDRESSING II Super met Parmezaanse burgers (blz. 104) of gebakken aardappelen. Roer in een kommetje 100 g dolcelatte of Danish Blue en 100 g Hüttenkäse door elkaar. **VOOR 200 G**

supersnelle dressings en sauzen

Sauzen met krachtige smaken maken een gerecht helemaal af: of het nu gaat om rauwe of gestoomde groenten, salades of voor bij de barbecue. U kunt ook een aantal van deze snelle sausjes als dips serveren bij een feestelijke borrel.

dips, salsa's & sauzen

baba ganouj

Een Midden-Oosterse auberginepuree. U grillt de aubergines, waardoor ze een lekker rooksmaakje krijgen: bijvoorbeeld boven een gaspit, op de barbecue of in een zeer hete oven. Gebruikt u de oven, snijd de aubergines dan overlangs doormidden, kerf ze kruiselings in, besprenkel ze met wat olijfolie en rooster ze in een op 220 ˚C voorverwarmde oven tot ze goudbruin en gaar zijn. Ontvel ze en volg verder de aanwijzingen in het recept – weergaloos lekker.

2 middelgrote aubergInes

sap van 1 citroen

1 teen knoflook

2 eetlepels olijfolie

2-3 eetlepels dikke (Griekse) yoghurt

zeezout en versgemalen zwarte peper

VOOR CIRCA 500 ML

Prik met een vork in het steeluiteinde van elke aubergine en houd ze direct boven een gaspit. Draai de aubergines tot de schil blaren vormt en zwart wordt, en rooster de aubergines circa 15 minuten tot ze gaar zijn. De aubergines zullen wat stoom verliezen.

Leg de aubergines op een schaal en laat ze afkoelen. Pel de schillen los. Het geeft niet als er wat donkere plekjes achterblijven; die zorgen voor een extra lekkere smaak. Doe het ontvelde vruchtvlees in een keukenmachine, voeg het citroen-

sap, de knoflook, olijfolie en yoghurt toe en pureer alles. Voeg zout en peper naar smaak toe. U kunt ook de knoflook uitpersen en hem samen met het auberginevruchtvlees en de overige ingrediënten in een kom doen; prak alles met een vork, zodat u een glad mengsel krijgt. Wilt u een dunnere dipsaus, voeg dan wat meer yoghurt of olie toe.

Serveer de baba ganouj met driehoekjes geroosterd pittabrood en rauwkost, bijvoorbeeld radijsjes, wortels, bleekselderij en peultjes.

yoghurtdip met sesam

50 g sesamzaad

125 ml dikke (Griekse) yoghurt

125 ml mayonaise

2–3 eetlepels donkere sojasaus

VOOR CIRCA 300 ML

Met deze dip verdwijnt rauwkost als sneeuw voor de zon. De saus is ook erg lekker bij gestoomde groenten of als nootachtige dressing in een salade. Ik vind de smaak het beste als u gelijke hoeveelheden yoghurt en mayonaise gebruikt, maar u kunt ook uitsluitend yoghurt of mayonaise gebruiken.

Rooster de sesamzaadjes licht in een droge koekenpan, onder regelmatig omscheppen, tot ze goud kleuren en opspringen in de pan. Schep ze in een kommetje en laat ze afkoelen.

Voeg de yoghurt, mayonaise en sojasaus toe en meng alles goed. Serveer deze dip liefst nog dezelfde dag, anders wordt het sesamzaad zacht.

Dit stevige, pikante mengsel is heerlijk bij burrito's (blz. 24), fajitas met haloumi of tempeh (blz. 82) en tamales (blz. 84-86). Salsa fresca is ook erg lekker als dipsaus. Probeer de variaties met maïskorrels of mango eens bij de barbecue: deze zoete salsa's passen perfect bij de rokerige en schroeierige grillsmaken.

Meng alle ingrediënten in een kom en laat ze circa 30 minuten rusten.

MANGOSALSA

Vervang de tomaten door 300 g gepeld en in blokjes gesneden mango. Vervang de koriander door fijngehakte munt.

MAÏSSALSA

Vervang de tomaten door 300 g maïs-korrels, vers of uit de diepvries, die u in kokend water geblancheerd hebt tot ze gaar zijn. U kunt ook maïskorrels uit blik gebruiken; spoel ze eerst af en laat ze uitlekken.

300 g rijpe tomaten, fijngesneden

1 kleine rode ui, fijngehakt

2 groene chilipepers, zaad verwijderd en fijngesneden

sap van 2-3 limoenen

kleine handvol korian-derblad, fijngehakt

zeezout

VOOR 350 ML

salsa fresca

zoetzure jalapeñosalade

Oké, de tomaten komen uit een blik en de chilipepers uit een potje, maar toch smaakt deze salsa authentiek. Bovendien kunt u hem zeker een paar dagen in de koelkast bewaren, terwijl hij toch perfect van smaak blijft.

400 g tomaten uit blik, kleingesneden

4 eetlepels zoetzure fijn-gesneden jalapeño-pepers, uitgelekt

2 eetlepels azijn uit het jalapeñopotje

1 kleine ui, fijngehakt

handvol korianderblad, fijngehakt

zeezout

VOOR 500 ML

Laat de tomaten uitlekken in een zeef en schud ze zodat ze een teveel aan vocht verliezen. Doe ze over in een kom, voeg de overige ingrediënten toe en schep alles goed om. Laat de salsa circa 30 minuten rusten, zodat de smaken zich kunnen vermengen.

jus met champignons en tijm

Een lekkere jus hoort echt bij de huiselijke keuken, bijvoorbeeld in combinatie met aardappelpuree en saucijsjes. Vegetariërs hoeven dit klassieke gerecht niet meer te laten schieten, want er zijn uitstekende alternatieven voor saucijsjes verkrijgbaar. Grill deze pittig gekruide biologische saucijsjes, serveer ze op een bedje van aardappelpuree en schep er deze heerlijke jus op. Drink er een lekker glas gekoeld bier bij.

2 eetlepels olijfolie

1 ui, in ringen

2 theelepels verse tijm

1 laurierblad

50 g champignons, grofgehakt

2 eetlepels bloem

125 ml port of andere versterkte wijn

250 ml groentebouillon

2 eetlepels donkere soja-saus

VOOR 4 PERSONEN

Verhit de olie in een pan en bak de ui hierin goudbruin. Voeg de kruiden en champignons toe en bak deze circa 5 minuten tot ze gaar zijn. Strooi de bloem erover en schep ze 2 minuten om. Roer de port of wijn, de groentebouillon en de sojasaus erdoor. Laat de jus al roerend op laag vuur 3-5 minuten prutelen tot hij licht bindt. Verwijder het laurierblad. Schenk de jus in een juskom en serveer hem.

100 g gedroogde lima-
bonen of 400 g limabo-
nen uit blik

2 flinke struikjes witlof,
circa 500 g

50 g boter

4 preien (circa 500 g), in
stukjes van 1 cm

250 ml groentebouillon

250 ml port

2 eetlepels sojasaus

2 theelepels suiker

4 takjes rozemarijn

1 laurierblad

1 kleine rode chilipeper,
zaad verwijderd en fijn-
gesneden, of ½ theelepel
gedroogde chilivlokken

zeezout en versgemalen
zwarte peper

**AARDAPPELPUREE MET
ROOKKAAS**

1 kg bloemige aardappe-
len, in stukken van
gelijke grootte

25 g boter

125 ml melk

200 g natuurlijk gerook-
te kaas, in blokjes

zeezout

VOOR 4–6 PERSONEN

Gebruikt u gedroogde limabonen, laat deze dan een nacht weken in koud water. Spoel ze af en laat ze uitlekken. Doe ze in een pan, overgiet ze met water en breng ze aan de kook. Kook ze 10 minuten en voeg dan pas zout toe. Draai het vuur laag en laat ze 30 minuten pruttelen tot ze gaar zijn. Giet ze af. Gebruikt u limabonen uit blik, spoel ze dan af en laat ze uitlekken.

Snijd de witlof overlangs in vieren maar snijd de onderste stronkjes niet af. Laat de boter smelten in een grote koekenpan en bak hierin de stukken witlof onder af en toe omscheppen circa 10 minuten tot ze bruin kleuren. Voeg de overige ingrediënten toe, inclusief de tak-jes rozemarijn en het laurierblad. Breng alles aan de kook en laat het gerecht afgedekt 15 minuten pruttelen. Keer de witlof, draai het vuur iets hoger en verwarm alles nog 10 minuten, tot de prei gaar is en de saus bindt.

Kook intussen de aardappelen in circa 20 minuten gaar in licht gezouten kokend water. Giet ze goed af en doe ze terug in de pan. Laat ze op laag vuur in 1 minuut droogstomen. Voeg de boter en melk toe en prak alles tot een gladde puree. Schep de kaas erdoor, laat de puree 2 minuten staan en voeg dan zout naar smaak toe.

Schep de aardappelpuree op voorverwarmde borden, verdeel de gestoofde witlof met bonen erover en schep er wat saus over.

gestoofde witlof met bonen
en aardappelpuree met rookkaas

Witlof heeft een bittere smaak, die de een vies vindt maar de ander onweerstaanbaar. In dit gerecht wordt de smaak mooi gebalanceerd met het licht-zoete van de bonen en de smakelijke jus. De aardappel-puree vervolmaakt het.

hoofdgerechten

teriyaki-tahoe uit de oven

met geglaceerde groenten

Donkere sojasaus, zoete mirin en droge sake geven teriyaki zijn unieke smaak. Wilt u een rijkere smaak, voeg dan enkele verse of gedroogde shiitake paddestoelen toe aan de marinade. Door de tahoe te laten marineren in deze uitgesproken Japanse saus krijgt hij een sappige en verfijnde smaak.
U kunt kant-en-klare teriyakisaus kopen, maar die is nooit zo lekker als de echte: het is helemaal niet veel werk deze saus zelf te maken, en alleszins de moeite waard.

500 g verse vaste tahoe, in 4 stukken

4 verse of gedroogde shiitake paddestoelen (indien gewenst)

200 g verse of gedroogde eiernoedels

TERIYAKIMARINADE

125 ml donkere sojasaus

125 ml mirin (Japanse zoete rijstwijn)

125 ml sake

1 eetlepel suiker

GEGLACEERDE GROENTEN

2 eetlepels zonnebloemolie

2 tenen knoflook, in dunne plakjes

200 g broccoliroosjes of dunne (paarse) broccolitakjes, kleingesneden

1 prei, alleen het witte en lichtgroene gedeelte, fijngesneden

200 g jonge paksoi, overlangs in vieren gesneden, of spinazie, kleingesneden

1 venkelknol, in dunne plakjes

2 theelepels maïzena, tot een papje geroerd met 4 eetlepels koud water

SERVEREN MET

2 bosuitjes, in dunne schuine plakjes

1 eetlepel sesamzaad, geroosterd in de koekenpan

VOOR 4 PERSONEN

Maak eerst de marinade. Meng de sojasaus, mirin, sake en suiker in een koekenpan en verwarm ze al roerend tot de suiker is opgelost. Voeg de stukken tahoe en de paddestoelen toe, als u die gebruikt. Laat de stukken tahoe 15 minuten zachtjes pruttelen en keer ze halverwege.

Leg de stukken tahoe in een licht ingevette ovenschaal of braadslee. Schep er wat saus over en plaats ze 10 minuten in een op 220 °C voorverwarmde oven. Houd ze warm. Schep de paddestoelen uit de resterende saus, druk ze uit en snijd ze in dunne plakjes. Houd de saus apart.

Maak nu de geglaceerde groenten. Verhit een wok tot deze zeer heet is en voeg de olie toe. Roerbak hierin de knoflook, broccoli, prei en paddestoelen 2 minuten. Voeg de paksoi of spinazie en de venkel toe en roerbak de groenten nog 2 minuten. Voeg de resterende saus en 75 ml water toe en laat de groenten afgedekt 2 minuten pruttelen. Schep de groenten opzij en voeg het maïzenamengsel toe aan het borrelende vocht in de wok. Roer dit om tot het bindt. Schep de groenten door de saus. Bereid de noedels volgens de aanwijzingen op de verpakking en giet ze af.

Schep vlak voor het serveren nestjes noedel op 4 voorverwarmde borden en schep hierop de groenten. Keer de stukken tahoe en leg ze met de glimmende kant boven op de groenten. Bestrooi het gerecht met bosuitjes en geroosterd sesamzaad en serveer het.

paprika's uit piedmonte

met gorgonzolapolenta

Deze Piedmontese paprika's zijn enorm populair sinds Elizabeth David ze opnam in haar boek *Italian Food* (1954). Er is gewoon geen betere manier om paprika's te vullen. Olijven en kappertjes vervangen de traditionele ansjovis en zorgen voor een pittig element; de zoete tomaten met basilicum karameliseren zachtjes en krijgen een heerlijke knoflooksmaak.

De uitgeholde paprika's zijn heel geschikt als bakjes voor de vulling en vormen mini-ovenschaaltjes. Serveer deze gevulde paprika's direct uit de oven, warm, koud of met gegrillde gorgonzolapolenta en rucola.

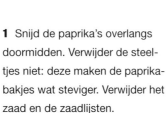

PAPRIKA'S UIT PIEDMONTE

2 rode paprika's

2 rijpe pomodoretomaten, in vieren gesneden

8 zwarte olijven, ontpit

1 eetlepel kappertjes

2 tenen knoflook, in plakjes

8 blaadjes basilicum, in flinters

4 eetlepels olijfolie

2 theelepels balsamicoazijn

zeezout en versgemalen zwarte peper

GORGONZOLAPOLENTA

100 g polenta of grof maïsmeel

25 g boter

50 g gorgonzola, in stukjes gehakt

zeezout (indien gewenst)

SERVEREN MET

rucola

VOOR 2–4 PERSONEN

1 Snijd de paprika's overlangs doormidden. Verwijder de steeltjes niet: deze maken de paprikabakjes wat steviger. Verwijder het zaad en de zaadlijsten.

2 Plaats de uitgeholde paprikabakjes in een braadslee. Verdeel de tomaten, olijven en kappertjes over de bakjes. Steek de plakjes knoflook en de basilicum tussen de vulling en sprenkel de olie en azijn erover. Bestrooi ze met flink veel zout en peper. Plaats de paprikabakjes 30 minuten in een op 200 °C voorverwarmde oven, of tot ze gaar zijn en langs de randen donker kleuren.

3 Maak intussen de polenta. Breng 500 ml water met een snufje zout aan de kook in een pan met zware bodem. Draai het vuur heel laag en strooi de polenta of het maïsmeel erbij, terwijl u goed roert met een houten pollepel.

4 Kook de polenta al roerend circa 15-30 minuten, tot hij loslaat van de pan (afhankelijk van het type en de kwaliteit van de polenta); of volg de aanwijzingen op de verpakking.
De polenta dient vrij dik te zijn en geen klontjes te vertonen.

5 Schep de boter en het zout (als u dat gebruikt) door de polenta. (Voeg niet te veel zout toe; de kaas is al vrij zout.) Schep de gorgonzola zorgvuldig door de polenta.

6 Schep de polenta op een ondiep dienblad of op een plank, die u met water bevochtigd hebt (zo zal de polenta niet vastplakken). Spreid de polenta uit tot een vierkant van circa 20 x 20 cm. Laat dit afkoelen en opstijven. U kunt de polenta ook enkele uren of een dag van tevoren bereiden, vervolgens laten afkoelen en tot gebruik in de koelkast bewaren.

7 Snijd de polenta in 4 vierkantjes, leg deze op een ingevette bakplaat en plaats deze onder een zeer hete grill tot de kaas begint te borrelen en te smelten. Schik de stukken polenta op voorverwarmde borden, zet de paprikabakjes erop en garneer met rucola.

Pad thai, waarschijnlijk het bekendste Thaise noedelgerecht, is in 5 minuten klaar. Gebruik voor een authentiek effect brede rijstnoedels (soms staat er 'rice sticks' op de verpakking), of dunne rijstnoedels (mihoen). Tamarinde heeft een unieke, zure smaak en wordt veel gebruikt in de Aziatische keukens; ter vervanging kunt u eventueel limoensap gebruiken.

pad thai noedels

Verhit een wok tot deze zeer heet is en voeg de olie toe. Voeg de eieren en noedels toe en roerbak circa 2 minuten, tot de eieren licht stollen en op roerei beginnen te lijken. Voeg de overige ingrediënten toe en roerbak nog 3-5 minuten, tot de groenten gaar zijn. Verdeel het gerecht over 4 voorverwarmde kommen en strooi er de pinda's, bosuitjes en koriander over.

4 eetlepels zonnebloemolie

4 eieren, losgeroerd

150 g brede rijstnoedels, 5 minuten geweekt in warm water, uitgelekt

100 g jonge boerenkool of andere blad-groente, harde middennerven verwijderd en het blad kleingesneden

4 eetlepels tamarindepasta of 2 eet-lepels vers geperst limoensap

4 eetlepels zoete chilisaus

4 eetlepels lichte sojasaus

1 grote wortel van circa 200 g, geraspt

100 g taugé

SERVEREN MET

50 g pinda's

4 bosuitjes, fijngesneden

korianderblad

VOOR 4 PERSONEN

Maak eerst het specerijenmengsel. Rooster de droge, hele specerijen in een koekenpan zonder vet en schud ze tot ze opspringen en licht kleuren. Doe ze over in een blender of vijzel, voeg de overige ingrediënten en 6 eetlepels water toe en pureer alles. Houd dit mengsel apart.

Rooster de aubergine circa 15 minuten boven een gaspit tot de schil blaren vormt en zwart wordt, en het vruchtvlees gaar is. U kunt hem ook circa 40 minuten in een op 220 °C voorverwarmde oven bereiden. Laat hem afkoelen en ontvel hem. Het geeft niet als er wat donkere plekjes achterblijven; die zorgen voor een extra lekkere smaak.

Verhit de olie of ghee in een grote pan met zware bodem en bak de ui hierin glazig. Voeg het specerijenmengsel toe en roerbak 2 minuten. Voeg de paprika, bataat, courgette en kikkererwten toe. Laat de curry afgedekt circa 10 minuten pruttelen. Voeg de tomaten en 250 ml water toe, breng de curry aan de kook en laat hem afgedekt circa 20 minuten pruttelen.

Doe het vruchtvlees van de aubergine in een keukenmachine, voeg de kokosmelk toe en werk beide met de pulseerknop door elkaar. Voeg dit mengsel toe aan de curry. Breng zo nodig op smaak met wat zout. Laat de curry nog 10 minuten pruttelen, haal hem van het vuur en laat hem afgedekt nog 30 minuten staan – liefst een hele nacht.

Warm de curry opnieuw op en serveer met rijst, koriander, yoghurt en mangochutney.

curry met gegrillde aubergine en kokos

Met dit recept wilde ik de subtiele rokerige smaak van Indiase gerechten die in een tandoorioven bereid zijn oproepen: en dit is het resultaat. Deze opmerkelijke curry is gebaseerd op donker gegrillde en vervolgens gepureerde aubergine, en hij smaakt fantastisch. Laat u niet afschrikken door de lange ingrediëntenlijst voor het specerijenmengsel: het is heel gemakkelijk te maken en geeft de curry een zeer complexe smaak. U kunt de curry van tevoren maken; dat is zelfs een aanrader, want als u hem een nacht in de koelkast plaatst kunnen de kruidige smaken zich extra goed vermengen.

1 middelgrote aubergine van circa 250 g

2 eetlepels plantaardige olie of ghee (geklaarde boter)

1 rode ui, fijngehakt

1 rode paprika, zaadlijsten verwijderd, kleingesneden

250 g zoete aardappel (bataat), of yam, geschild en in blokjes gesneden

1 niet te grote courgette van circa 200 g

400 g kikkererwten uit blik, afgespoeld en uitgelekt

400 g tomaten uit blik, in stukken

250 ml ongezoete kokosmelk

zeezout naar smaak

SPECERIJENMENGSEL

1 eetlepel komijnzaad

1 eetlepel korianderzaad

½ eetlepel kardemomzaad, circa 10 peulen

½ theelepel fenegriekzaad

5 cm verse gemberwortel, geschild en geraspt

4 tenen knoflook

1 theelepel gemalen kurkuma

1–2 chilipepers, zaad verwijderd, of 1 theelepel gedroogde chilivlokken

1 tomaat, in vieren gesneden

2 theelepels zeezout

1 theelepel suiker

SERVEREN MET

gestoomde (basmati)rijst

korianderblaadjes

mangochutney

dikke yoghurt

VOOR 4–6 PERSONEN

laksa met pompoen en tahoe

Laksa is een Maleise curry. Hij bestaat meestal uit rijstnoedels, knapperige rauwe groenten en geurige, groene kruiden in een pittige kokossoep. Het speciale aroma van verse sereh en djeroek-poeroetbladeren is bepalend voor het specerijenmengsel; u kunt deze ingrediënten krijgen in toko's en in goed gesorteerde groentewinkels. Eventueel kunt u ter vervanging limoenrasp en versgeperst citroensap gebruiken, of een kant-en-klare laksapasta of Thaise currypasta gebruiken. Bestudeer wel het etiket zeer grondig: de meeste bevatten garnalenpasta.

250 g vruchtvlees van pompoen
(gepeld en pitten verwijderd), in
blokjes van 1 cm

300 g tahoe, drooggedept met keukenpapier en in 4 driehoekjes
gesneden

200 g kokoscrème, opgelost in
500 ml kokend water, of 800 ml
kokosmelk uit blik

4 eetlepels lichte sojasaus

2 theelepels suiker

150 g dunne rijstnoedels (mihoen)

150 g taugé

1 middelgrote tomaat, in 8 partjes
gesneden

5 cm komkommer, in julienne
gesneden

8 plukjes koriander

flinke handvol muntblaadjes,
fijngehakt

2 bosuitjes, fijngesneden

zonnebloemolie, om in te frituren

SPECERIJENMENGSEL

2 tenen knoflook, grofgehakt

2 rode chilipepers, zaad verwijderd en grofgehakt

5 cm verse gemberwortel, geschild
en geraspt

1 kleine ui

¼ theelepel gemalen kurkuma

2 stengels sereh (citroengras),
fijngesneden

4 djeroek-poeroetbladeren,
fijngesneden

VOOR 4 PERSONEN

1 Maak eerst het specerijenmengsel. Doe alle ingrediënten
met 3 eetlepels water in een
blender of vijzel en pureer alles.
(Voeg zo nodig meer water toe.)

2 Doe de blokjes pompoen in een
pan en voeg wat zout en 500 ml
water toe. Breng dit aan de kook
en laat de blokjes pompoen 10
minuten zachtjes pruttelen, tot ze
gaar maar nog stevig zijn. Giet ze
af maar vang het kookvocht op.

3 Verhit een bodempje zonnebloemolie van 2 cm in een wok of
koekenpan. Frituur de stukken
tahoe hierin tot ze goudbruin en
knapperig zijn. Schep ze met een
schuimspaan uit de pan en laat
ze uitlekken op verkreukeld keukenpapier. Houd ze apart.

4 Verhit 2 eetlepels van de olie in een pan en bak hierin het specerijenmengsel 2 minuten, tot de aroma's vrijkomen. Voeg de kokosmelk, de gefrituurde tahoe, de sojasaus en de suiker toe. Voeg het opgevangen pompoenkookvocht toe. Breng de soep aan de kook en laat hem 10 minuten zachtjes trekken.

5 Doe intussen de rijstnoedels in een kom, overgiet ze met kokend water en laat ze 5 minuten wellen. Giet ze af en verdeel ze over 4 voorverwarmde kommen.

6 Verdeel de taugé, de partjes tomaat en de gekookte pompoenblokjes over de noedels. Voeg aan elke kom een stukje gefrituurde tahoe toe.

7 Schep de hete kokossoep erover. Garneer met komkommer, koriander, munt en bosuitjes.

Fajita's zijn heerlijke snacks; ze worden meestal met rundvlees of kip bereid, maar voor vegetariërs kunnen deze heel goed vervangen worden door haloumikaas. Deze stevige geitenkaas, afkomstig uit Cyprus, heeft unieke eigenschappen: hij smelt niet tijdens het bakken en vormt een heerlijk knapperig korstje. Eet de fajita's direct na bereiding: de kaas wordt minder zacht als u hem te lang laat staan. Kunt u geen haloumi krijgen, gebruik dan tempeh (zie blz. 10).

fajita's met haloumi

Maak eerst de marinade. Wrijf de knoflook met het zout fijn in een vijzel. Doe dit mengsel over in een kom en voeg de overige ingrediënten toe, behalve de olie. Klop alles door elkaar. Voeg vervolgens onder voortdurend kloppen de olie in een dun straaltje toe, zodat u een glad mengsel krijgt. Doe de plakken haloumi of tempeh in een ondiepe kom, overgiet ze met een deel van de marinade en schep ze om. Doe de uien, paprika's, courgettes en champignons in een andere kom, schenk de resterende marinade erover en schep ze om. Laat alles minstens 30 minuten marineren.

Stapel de tortilla's op, verpak ze in aluminiumfolie en verwarm ze circa 15 minuten in een op 150 °C voorverwarmde oven. Verhit intussen een grote koekenpan of wok tot deze zeer heet is en voeg de gemarineerde groenten met de marinade toe. Roerbak ze circa 20 minuten tot ze kleuren en licht karameliseren, waarbij alle vocht verdampt. Doe ze over in een ovenschaal en houd ze warm in de oven.

Laat de haloumi of tempeh uitlekken; de marinade hebt u verder niet nodig. Schik de plakjes naast elkaar in de koekenpan of wok (voeg voor tempeh 3 eetlepels olijfolie toe). Bak ze in circa 10 minuten goudbruin op matig vuur en keer ze halverwege.

Serveer de tortilla's, groenten en kaas apart. Ieder stelt zijn eigen fajita samen. Leg hiervoor een warme tortilla op een bord en schep op de helft hiervan de groenten. Leg hierop enkele plakjes haloumi of tempeh. Klap de tortilla dubbel en klap de zijpunten onder de fajita. Serveer hierbij guacamole, salsa en veel zure room, crème fraîche of yoghurt.

500 g haloumikaas of tempeh, in plakken

2 rode uien, doorgesneden en in partjes

1 rode paprika, zaadlijsten verwijderd, in reepjes

1 gele paprika, zaadlijsten verwijderd, in reepjes

1 groene paprika, zaadlijsten verwijderd, in reepjes

1 niet te grote of 2 heel kleine courgettes, overlangs in vieren gesneden en vervolgens in stukjes

200 g kleine champignons

MARINADE

2 tenen knoflook

1 eetlepel grof zeezout

sap van 4 limoenen en raspsel van 2 limoenen

handvol verse koriander, fijngehakt

½ theelepel gedroogde oregano

½ theelepel gedroogde chilivlokken

1 theelepel komijnzaad

1 theelepel suiker

1 eetlepel witte-wijnazijn

125 ml bruine rum

125 ml olijfolie

SERVEREN MET

8–12 grote bloemtortilla's (20 cm doorsnee)

guacamole (blz. 13)

zoetzure jalapeñosalsa of salsa fresca (blz. 62-63)

zure room, crème fraîche of dikke yoghurt

VOOR 4–6 PERSONEN

tamales

Deze eenvoudige pakketjes van maïsmeel werden al in het oude Mexico gemaakt, tijdens fiësta's en familiefeesten. Voor de vulling gebruikt men masa harina, een speciaal soort maïsmeel; het geheel wordt in een maïsblad gewikkeld en gaargestoomd. (Ter vervanging kunt u ook een stuk bananenblad gebruiken.) Het resultaat is heerlijk luchtig. Blauwe masa harina, genoemd naar de blauwe maïskorrels waarmee ze gemaakt zijn, heeft de beste maïssmaak. Ter vervanging kunt u ook polenta gebruiken. Serveer hierbij rijst, refried beans en salsa en u heeft een complete maaltijd.

100 g boter

175 g blauwe masa harina* of polenta

snufje zeezout

1 theelepel bakpoeder

1 gedroogde en gerookte chili-peper, 20 minuten geweekt in warm water, uitgelekt, van zaad ontdaan en fijngesneden (indien gewenst)

circa 125 ml groentebouillon of water

175 g cheddar of Monterey Jack-kaas, in 8 staafjes van 1x6 cm

8–10 gedroogde maïsblade-ren* of 2-3 bananenbladeren

SERVEREN MET

refried beans uit blik

gestoomde witte rijst

salsa fresca (blz. 63)

8 STUKS, VOOR 4 PERSONEN

* *Verkrijgbaar in gespecialiseer-de Zuid-Amerikaanse winkels.*

1 Doe de boter in een keuken-machine en klop hem hierin zal-vig. Voeg de masa harina of polenta, het bakpoeder en de chilipeper toe (als u die gebruikt). Werk alles goed door elkaar. Voeg terwijl de motor draait in een dun straaltje precies zoveel bouillon of water toe dat u een zacht deeg krijgt.

2 Verdeel het maïsdeeg in 8 stukken en vorm hiervan worstjes rondom de kaasstaafjes; zorg dat de kaas volledig omhuld is.

3 Gebruikt u gedroogde maïs-bladeren, laat deze dan enkele minuten wellen in kokendheet water. Giet ze af en trek de bla-deren los van elkaar. Verpak de tamales elk in een blad, en breng hier en daar zo nodig een extra stukje blad aan.

4 Bind de pakketjes met dunne reepjes maïsblad dicht, als een grote toffee. Maak de resterende tamales op dezelfde manier.

5 Gebruikt u bananenbladeren, snijd deze dan in 16 repen van 6 cm breed. Leg steeds een tamale onder aan een reep en rol het geheel op. Wikkel een tweede reep om de open uiteinden, zodat het pakketje gesloten wordt.

6 Steek een cocktailprikker dwars door de tamale, zodat het blad stevig vastzit. Maak de resterende tamales op dezelfde manier.

7 Schik de tamales in een bamboestoommandje boven een pan met zacht kokend water. Stoom ze 1 uur. Geef de refried beans, rijst en salsa er apart bij. Laat ieder van de bijgerechten nemen en vervolgens zelf de tamales openmaken. Superfeestelijk!

Maak eerst de coulis. Verhit de 75 ml olijfolie in een pan en bak de knoflook en gember hierin tot de aroma's vrijkomen. Voeg de tomaten, azijn, suiker en madera of sherry toe en laat alles 20-30 minuten pruttelen onder af en toe omscheppen. Voeg zout en cayennepeper naar smaak toe. Pureer de saus in een blender. Houd de coulis apart.

Doe de schoongemaakte spinazie in een grote pan en verwarm hem afgedekt tot hij slinkt; schep de spinazie tussentijds af en toe om. Laat hem uitlekken en afkoelen. Druk er in een schoon stuk kaasdoek zoveel mogelijk vocht uit. Hak de spinazie fijn.

Verhit de 2 eetlepels olijfolie in de pan en bak hierin de uien, champignons, koriander en kaneel met wat zout en peper tot de groenten gaar zijn en het vocht verdampt is. Voeg de knoflook toe en bak deze kort mee. Voeg de kastanjes toe en bak alles nog 1-2 minuten. Voeg de spinazie en marmelade toe en warm het mengsel goed door. Breng het op smaak met zout en peper.

Prepareer nu het filodeeg. Behandel steeds één vel deeg tegelijk en dek de rest af met een vochtige doek, zodat het deeg niet uitdroogt. Vlij voorzichtig een vel filodeeg in de springvorm, druk het goed tegen de rand en laat het iets over de rand hangen. Bestrijk het deegvel met gesmolten boter. Vlij hierop een nieuw vel deeg, iets gedraaid, en bestrijk dit eveneens met boter. Maak zo vijf lagen, die u steeds met boter bestrijkt, en zorg dat de springvorm volledig met deeg bekleed is. Schep het kastanjemengsel erin en strijk het glad. Vouw de overhangende punten van het filodeeg over de vulling en plooi ze zo dat de punten een beetje omhoog steken. Bestrijk de pastei met boter.

Bak de pastei 30 minuten in een op 180 °C voorverwarmde oven. Open de springvorm voorzichtig en laat de pastei op een bakplaat glijden. Bak hem nog 20 minuten tot hij goudbruin en knapperig is. Laat hem enkele minuten rusten. Verwarm intussen de coulis. Snijd de pastei met een kartelmes in punten en schep de coulis erover.

filotaart met kastanjes, spinazie en champignons

met tomaten-gembercoulis

Deze fantastische pastei met zijn rijke, kruidige vulling vormt het stralende middelpunt van een feestelijke maaltijd of vegetarisch kerstdiner. Het knapperige filodeeg is met boter ingekwast, maar veganisten kunnen hiervoor ook olijfolie gebruiken. Vacuüm verpakte kastanjes zijn heel handig in het gebruik. U kunt de vulling een dag van tevoren bereiden.

500 g spinazie, gewassen, taaie steeltjes verwijderd

2 eetlepels olijfolie

2 uien, fijngehakt

400 g champignons, kleingesneden

2 theelepels gemalen korianderzaad

2 theelepels gemalen kaneel

3 tenen knoflook, fijngehakt

400 g gekookte en gepelde kastanjes, grofgehakt

2 opgehoopte eetlepels marmelade met dikke stukken schil

5 vellen filodeeg van circa 28x48 cm

boter, gesmolten

zeezout en versgemalen zwarte peper

TOMATENGEMBERCOULIS

75 ml olijfolie

4 tenen knoflook, fijngehakt

5 cm verse gemberwortel, geschild en fijngehakt

800 g tomaten uit blik, in stukken

1 eetlepel balsamicoazijn

1 eetlepel bruine basterdsuiker

150 ml madera of droge sherry

zeezout en cayennepeper

springvorm van 24 cm doorsnee, ingevet met boter

VOOR 6–8 PERSONEN

1 niet te grote courgette van circa 250 g, overlangs in plakken van ½ cm gesneden

5 eetlepels olijfolie

3 tenen knoflook, fijngehakt

400 g tomaten uit blik, in stukken

½ theelepel balsamicoazijn

1 theelepel bruine basterdsuiker

2 handenvol basilicum, grofgehakt of in flinters

250 ml arboriorijst of andere risotto-rijst, afgemeten per volume

100 g mozzarellakaas, in blokjes van 1 cm

100 g Fontina of andere gerijpte harde kaas, in blokjes van ½ cm

50 g vers geraspte Parmezaanse kaas

4 eetlepels geroosterd broodkruim

zeezout en versgemalen zwarte peper

broodblik voor een brood van 450 g, licht ingevet met olie

VOOR 4–6 PERSONEN

Uw gasten zullen zeker opkijken en bewonderende kreten slaken als u dit gerecht opdient. Dit is een totaal vernieuwende manier om risotto te serveren, en vooral het spannende groentelaagje is heel verrassend. Ik vind courgettes erg lekker, maar u kunt ook experimenteren met andere groenten: gegrillde aubergines, paprika's en asperges zijn allemaal heel geschikt. Als u dat handiger uitkomt, kunt u de torta een dag van tevoren prepareren en in de koelkast bewaren. Laat hem eerst op kamertemperatuur komen alvorens hem te bakken.

Verhit een geribbelde grillplaat op het fornuis tot deze zeer heet is. Kwast de plakken courgette aan beide kanten in met 2 eetlepels van de olijfolie. Leg ze op de grillplaat en grill ze tot ze gaar zijn en op de ribbels donker schroeien. U kunt ze ook op een ingevette bakplaat leggen, met zout en peper bestrooien en 15-20 minuten roosteren in een op 200 °C voorverwarmde oven tot ze goudbruin kleuren.

Verhit de resterende 3 eetlepels olijfolie in een pan en bak hierin de knoflook kort tot het aroma vrijkomt. Voeg de tomaten, azijn, suiker en wat zout en peper toe. Laat deze saus 10 minuten zachtjes pruttelen en iets binden. Schep de basilicum erdoor.

Breng een pan met ruim water met wat zout aan de kook. Voeg de rijst toe en breng hem opnieuw aan de kook. Draai het vuur laag en laat de rijst circa 10 minuten zachtjes koken tot hij wat zachter is, maar nog wel stevig. Giet hem af.

Schep de rijst door de tomatensaus. Schep de verschillende soorten kaas erdoor en breng het mengsel zo nodig op smaak met zout en peper.

Bestuif de ingevette broodvorm met 2 eetlepels van het broodkruim en verdeel het kruim goed over het oppervlak. Schep de helft van het rijstmengsel in de vorm en strijk dit glad af. Leg hierop de plakken courgette naast elkaar. Dek af met de resterende rijst. Strijk de rijst glad en druk hem goed aan. Strooi het resterende broodkruim erover.

Bak de torta 30-40 minuten in een op 220 °C voorverwarmde oven tot hij goudbruin kleurt en borrelt langs de randen. Laat hem 10 minuten rusten. Maak met een lang en scherp mes de randen los en plaats de vorm omgekeerd op een schaal of plank. Tik op verschillende plaatsen tegen de bodem en til de vorm op. Snijd de torta in plakken en serveer ze met een groene salade.

torta di risotto
met gegrillde courgettes en drie soorten kaas

bijgerechten met groenten

Snijd de aubergines in vieren en kerf het vruchtvlees in. Snijd de courgettes overlangs door. Snijd bij de uien aan de onderkant een dun plakje af en snijd de bovenkant kruiselings in. Snijd de chili's doormidden. Laat de knoflook heel.

Schik alle groenten behalve de tomaten met het snijvlak omhoog in een braadslee of ovenschaal. Leg de rozemarijn en chilipepers ertussen. Bestrijk de groenten met 8 eetlepels van de olijfolie. Sprenkel het citroensap erover en strooi er zout en peper bij.

Rooster de groenten 30 minuten in een op 200 °C voorverwarmde oven. Bestrijk de tomaten met de resterende olie en schik ze op de groenten. Rooster de groenten nog 15-20 minuten, tot ze goudbruin kleuren en de tomaten barsten. Gebruikt u trostomaatjes, voeg ze dan pas na 40 minuten toe en rooster ze nog 5-10 minuten mee.

1 aubergine	4 takjes rozemarijn
2 niet te grote courgettes	10 eetlepels olijfolie
4 rode uien, ongepeld	sap van ½ citroen
2 rode chilipepers	grof zeezout en versgemalen zwarte peper
1 heel bolletje knoflook, ongepeld	
4 trostomaten of 16 kleine trostomaatjes	VOOR 4 PERSONEN

provençaalse groenten uit de oven

De voorbereiding van dit gerecht is een fluitje van een cent en het resultaat ziet er werkelijk schitterend uit. Geef een apart bord voor de schilletjes bij deze zoete, sappige groenten.

gegrillde courgettes met munt

Dit mediterrane gerecht is perfect voor een zomerse lunch. Gegrilld smaken courgettes op hun best: ze krijgen een heel bijzondere structuur en nemen de contrasterende smaken van scherpe azijn en geurige munt op.

4 niet te grote courgettes (circa 1 kg)

2 eetlepels olijfolie

4 theelepels witte-wijn-azijn

handvol muntblaadjes, in flinters

zeezout en versgemalen zwarte peper

VOOR 4 PERSONEN

Verwijder de steeltjes en uiteinden van de courgettes. Snijd ze overlangs in dunne plakken en doe deze in een kom. Sprenkel de olie erover en hussel ze met uw handen voorzichtig door de olie.

Verhit een geribbelde grillplaat of koekenpan met anti-kleeflaag op het fornuis tot deze zeer heet is. Leg de plakken courgette hierop of hierin en grill ze (eventueel in gedeelten) tot ze gaar zijn en op de ribbels donker schroeien. Leg ze in een ondiepe schaal en besprenkel ze direct met de azijn. Strooi er zout en peper over en laat ze afkoelen.

Schep de plakken courgette in een mooie schaal, verdeel de munt erover en bestrooi ze royaal met peper.

12 sjalotten, ongepeld

8 tenen knoflook, ongepeld

1 kg zoete aardappelen
(bataten) met oranje
vruchtvlees, in gelijkma-
tige stukken

1 theelepel korianderzaad,
grofgemalen

2 rode chilipepers

6 eetlepels olijfolie

zeezout en versgemalen
zwarte peper

VOOR 4 PERSONEN

Doe de sjalotten en knoflook in een kom,
overgiet ze met kokendheet water en laat ze
30 minuten wellen. Giet ze af en ontvel ze.

Doe ze in een braadslee en voeg de zoete
aardappelen toe. Verdeel de koriander en
chilipepers erover. Besprenkel met de olijfolie. Bestrooi de aardappelen met zout en
peper. Schep alles goed om.

Plaats de aardappelen 30 minuten in een
op 200 °C voorverwarmde oven, tot ze
gaar en goudbruin zijn. Schud de braadslee tussentijds enkele malen en bedruip
de aardappelen met het braadvocht.

zoete aardappelen uit de oven

met sjalotten, knoflook en chilipeper

Goudbruin, knapperig en gekruid: zo vind ik zoete aardappelen het
lekkerst! Dit recept is voor liefhebbers van knoflook en chilipeper.

aardappelen met citroen uit de oven

Aardappelen worden altijd erg lekker in de oven. Deze krieltjes hebben een knapperig, citroenachtig schilletje en zijn van binnen heerlijk zacht. Serveer ze met gestoomde groene bladgroenten of in de oven geroosterde groenten.

1 kg krielaardappeltjes, schoongeboend

4 eetlepels olijfolie

rasp van 2 citroenen en sap van 1 citroen

1 theelepel suiker

zeezout en versgemalen zwarte peper

VOOR 4 PERSONEN

Kook de krieltjes 5 minuten in licht gezouten kokend water, giet ze af en schik ze in een braadslee.

Klop de olijfolie, citroenrasp en het citroensap, zout en peper door elkaar. Schenk dit mengsel over de krieltjes uit en schep ze goed om.

Plaats de krieltjes 20-30 minuten in een op 190°C voorverwarmde oven tot ze gaar en goudbruin zijn. Schep ze tussentijds regelmatig om en bedruip ze met het braadvocht.

bladgroenten met chilipeper

en knapperige knoflook

Ik heb vaak erg veel zin in donkergroene groenten, waarschijnlijk omdat
ze zoveel ijzer en vitamine C bevatten.
Heel goede groene bladgroenten zijn
bijvoorbeeld paksoi, snijbiet, bietenloof, spinazie en jonge groene kool.
De bereidingstijd is meestal erg kort;
en als u ze bijvoorbeeld stoomt of
roerbakt blijven de kleur, smaak en
voedingsstoffen optimaal behouden.
Verwijder wel de harde nerven voor u
ze bereidt.

**500 g groene bladgroen-
ten (zie de inleiding
hierboven)**

2 eetlepels olijfolie

**4 tenen knoflook, in
lange plakjes**

**1 rode chilipeper, zaad
verwijderd en fijngesne-
den**

**zeezout en versgemalen
zwarte peper**

VOOR 4 PERSONEN

Snijd de bladgroenten wat kleiner; snijd paksoi overlangs in parten. Verhit de olijfolie op
laag vuur in een grote pan. Bak hierin de
plakjes knoflook in 2-3 minuten goudbruin
en knapperig. Schep ze uit de pan en houd
ze apart. Schep de fijngesneden chilipeper
in de pan en laat ze in 1 minuut het knof-
lookaroma opnemen. Schep de bladgroenten in de pan (pas op, dit spat behoorlijk!).
Voeg zout en peper toe en schep alles goed
om. Laat de groenten enkele minuten zachtjes smoren, waarbij u ze tussentijds af en
toe omschept met een tang. Reken circa
5 minuten voor jonge groene kool; circa
3 minuten voor snijbiet, bietenloof en paksoi; en 1–2 minuten voor spinazie.

Schep de groenten in een voorverwarmde
schaal en verdeel de knapperige knoflook
erover.

VARIATIE

Voor een feestelijke versie, bijvoorbeeld voor
het kerstdiner, laat u de knoflook en chilipeper weg. Ter vervanging roostert u 50 g
pijnboompitten in de olie tot ze goudbruin
kleuren, waarna u ze uit de pan schept en
apart houdt. Voeg de bladgroenten toe, plus
1 theelepel suiker en het raspsel van 1 sinaasappel, en volg verder de aanwijzingen
van het recept. Strooi ten slotte de pijnboompitten en 75 g aalbessen over de groenten.

Gewone groentespiezen worden fenomenaal met deze heerlijke 'Thaise' barbecuesaus. U kunt de groenten in de saus marineren, maar deze ook als een soort ketchup gebruiken voor vegetarische hamburgers en worstjes. De saus blijft in de koelkast een week goed.

thaise geglaceerde groentespiezen

Maak eerst de saus. Doe de kokoscrème in een kom, voeg 3 eetlepels kokendheet water toe en roer dit tot een dikke pasta. Doe deze in een blender of keukenmachine, voeg de overige ingrediënten toe en pureer alles.

Schil de mango met een scherp mes en plaats hem rechtop op een snijplank, met het smalle eind naar boven. Snijd recht naar beneden door het vruchtvlees, aan weerskanten van de platte pit. Snijd het vlees in blokjes.

Steek de blokjes mango en groente om en om aan de satépennen, waarbij u begint en eindigt met djeroek-poeroetbladeren, als u die gebruikt. Kwast de spiezen royaal in met de saus. Laat ze afgedekt 30 minuten marineren in de koelkast. Bewaar de resterende saus.

Grill de spiezen op de barbecue, een grillplaat op het fornuis, of onder een voorverwarmde grill. Keer ze af en toe en bestrijk ze met de resterende saus, tot ze gaar zijn en hier en daar donker schroeien.

1 grote, rijpe mango

1 gele paprika, zaadlijsten verwijderd, in 10 stukjes

2 kleine rode uien, in 10 partjes

2 kleine courgettes, in 10 stukjes

1–2 limoenen, in 10 partjes

10 kleine champignons

1 rode paprika, zaadlijsten verwijderd, in 10 stukjes

5 chilipepers, dwars doorgesneden (indien gewenst)

20 djeroek-poeroetbladeren (indien gewenst)

THAISE BARBECUESAUS

50 g kokoscrème, fijngesneden

75 ml donkere sojasaus

2 eetlepels bruine basterdsuiker

2 eetlepels rijstazijn of vers geperst limoensap

3 eetlepels tomatenpuree

3 djeroek-poeroetbladeren, fijngesneden

1 stengel sereh (citroengras), fijngesneden

1–2 kleine rode Thaise chilipepers, fijngesneden

1 dikke teen knoflook, in plakjes

2 eetlepels zonnebloemolie

10 metalen of houten satépennen (laat houten satépennen 30 minuten weken in water)

VOOR 10 STUKS

de vegetarische barbecue

paprika's met feta

De paprikabakjes worden gegrilld, maar de vulling wordt alleen doorgewarmd; dit is dus eerder een lauwe salade. Als u de paprika's op de barbecue bereidt, krijgen ze een unieke, licht rokerige smaak. Het zoete vruchtvlees van de paprika's gaat perfect samen met de scherpzure bulgursalade.

Doe de bulgur in een kom, overgiet hem met kokendheet water en laat hem 30 minuten wellen, tot de korrels mooi opgezwollen zijn. Giet de bulgur zo nodig af.

Snijd de paprika's overlangs doormidden. Verwijder het zaad en de zaadlijsten. Verwijder de steeltjes niet: deze maken de paprikabakjes wat steviger.

Doe de overige ingrediënten in een kom, voeg de gewelde bulgur toe en strooi er zout en peper bij. Schep alles goed om. Schep de vulling in de paprikabakjes.

Grill de paprikabakjes op de barbecue, of op een grillplaat op het fornuis, tot de paprika's gaar zijn en aan de onderkant donker schroeien; de vulling hoeft alleen maar warm te worden. Serveer hierbij een frisse groene salade en warm pittabrood.

100 g bulgur

2 rode, gele en groene paprika's

150 g fetakaas, verkruimeld

3 handenvol gemengde verse kruiden, bijvoorbeeld peterselie, munt, dille, basilicum en koriander, fijngehakt

1 teen knoflook, uitgeperst

2 theelepels fijngeraspte verse gemberwortel

1 eetlepel sumac of 1 eetlepel vers geperst citroensap

2 eetlepels olijfolie

zeezout en versgemalen zwarte peper

VOOR 4 PERSONEN

parmezaanse burgers

Geweldig voor een maaltijd in de tuin. Iedereen, van jong tot oud, houdt van burgers, en ook deze zullen zeker goed vallen. Maak ze van tevoren als het u uitkomt, en bewaar ze tot gebruik in de koelkast of diepvries. Eigenlijk zijn deze Parmezaanse burgers het lekkerst als u ze in de oven bakt. Aangezien u waarschijnlijk toch vaak in de keuken moet zijn, is dat ook wel praktisch, en hebt u ook meer ruimte op de barbecue voor andere gerechten.

Verhit de olie in een koekenpan en bak hierin de uien en champignons met tijm en zout tot ze gaar zijn en licht kleuren. Laat ze afkoelen.

Doe het mengsel over in een keukenmachine, voeg de twee soorten kaas toe, plus de bonen, het broodkruim en versgemalen peper. Werk alles met de pulseerknop door elkaar. Voeg de sojasaus, wijn, mosterd, het ei en de maïzena toe. Pureer alles grof.

Vorm met bevochtigde handen 8 balletjes van het burgermengsel. Plet ze tot burgers van 2 cm dik. Leg ze op een met olie ingevette bakplaat, dek ze af en plaats ze in de koelkast om ze te laten opstijven. (U kunt de burgers ook invriezen; laat ze niet ontdooien voor gebruik maar plaats ze direct in de oven.)

Bestrijk de burgers vlak voor u ze wilt bakken met wat extra olijfolie en bak ze 25 minuten in een op 220 °C voorverwarmde oven, tot ze goudbruin en knapperig zijn. (Reken voor diepvriesburgers 5-10 minuten langer.)

Snijd de broodjes doormidden en rooster of grill ze licht op het snijvlak. Leg de burgers ertussen en voeg extra ingrediënten naar smaak toe. Dek de burgers af en serveer ze.

1 eetlepel olijfolie, plus extra om de burgers te bestrijken

2 middelgrote uien, fijngehakt

125 g champignons, kleingesneden

1 theelepel verse tijm

50 g vers geraspte Parmezaanse kaas

50 g vers geraspte cheddarkaas

150 g borlotti- of pintobonen uit blik, afgespoeld en uitgelekt

100 g vers broodkruim

1 eetlepel sojasaus

2 eetlepels rode wijn

1 theelepel mosterd

1 ei, losgeroerd

1 eetlepel maïzena

8 zachte broodjes

zeezout en versgemalen zwarte peper

SERVEREN MET (INDIEN GEWENST)

slablaadjes of rucola

plakjes tomaat

rodeuienringen

tomatenketchup

mayonaise

chilisaus

blauwe-kaasdressing II (blz. 59)

VOOR CIRCA 8 BURGERS

turkse gevulde aubergines

Als er één groente is die karakteristiek is voor de Turkse keuken, dan is het wel de aubergine. Ik vond dit briljante recept voor gevulde hele aubergines in een Turks kookboek. De bereiding is niet alleen heel ingenieus maar ook erg leuk om uit te voeren. Kies hiervoor lange, smalle aubergines: deze zijn perfect om uit te hollen en op deze manier te vullen. Met dikkere soorten is het moeilijker ze gaar te krijgen zonder ze te laten verschroeien. Keer de aubergines regelmatig op de barbecue, tot ze gaar zijn en de schil mooi donker kleurt.

2 middelgrote, lange, dunne aubergines

100 g couscous

3 eetlepels olijfolie, plus extra om de aubergines te bestrijken

2 middelgrote uien, fijngehakt

4 tenen knoflook, fijngehakt

1 theelepel gemalen kaneel

1 theelepel komijnzaad

50 g pijnboompitten

6 dadels, ontpit en fijngehakt

1 eetlepel oranjebloesem-water (indien gewenst)

handvol snijpeterselie, fijn-gehakt

1 middelgrote tomaat, door-gesneden

zeezout en versgemalen zwarte peper

SERVEREN MET

dikke (Griekse) yoghurt

partjes citroen

VOOR 4 PERSONEN

1 Beklop de aubergines voor-zichtig aan alle kanten met een deegroller, zonder de schil te beschadigen. Masseer ze door ze heen en weer te rollen over uw werkvlak, tot de structuur veel zachter is en u ze kunt pletten tot een dikte van circa 2 cm.

2 Kerf het vruchtvlees vlak onder het steeltje diep in, maar niet door en door. Draai het bovenste uiteinde en trek het los: de kern van de aubergine komt dan ook mee. Lepel de aubergines uit en hak het vruchtvlees grof. Houd het apart. Bestrooi de uitgeholde aubergines met wat zout en plaats ze omgekeerd in een ver-giet om uit te lekken.

3 Maak nu de vulling. Doe de couscous in een kom, overgiet hem met kokend water en laat hem 10-15 minuten wellen. Schep de korrels om met een vork. Houd de couscous apart. Verhit 2 eetlepels olijfolie in een koekenpan en bak hierin de uien en het fijngehakte vruchtvlees van de aubergines met wat zout tot ze gaar en goudbruin zijn. Voeg de knoflook, kaneel en komijn toe en bak alles nog 2 minuten tot u een geurig mengsel hebt.

4 Doe het auberginemengsel in een kom. Verhit de resterende olie in de pan, rooster hierin de pijnboompitten tot ze goudbruin kleuren en schep ze door het auberginemengsel. Voeg ook de dadels, het oranjebloesemwater (als u dat gebruikt), de peterselie en couscous toe.
Strooi er zout en peper bij en schep alles goed om.

5 Lepel de vulling in de uitgeholde aubergines en druk deze stevig aan. De aubergines moeten weer mooi dik worden.

6 Sluit de aubergines af met de twee halve tomaten. Bestrijk het geheel rondom met olijfolie.

7 Rooster ze circa 30 minuten op de barbecue en keer ze regelmatig, tot ze volledig gaar zijn en de schil mooi donker kleurt. Snijd ze in dikke plakken en serveer ze met de yoghurt en partjes citroen.

NOOT: U kunt de aubergines ook in de oven bereiden. Leg ze in een braadslee. Schenk hierin 1 cm groentebouillon en voeg 2 eetlepels olijfolie toe. Dek de braadslee af met aluminiumfolie. Plaats hem 30-40 minuten in een op 200 °C voorverwarmde oven, tot de aubergines volledig gaar zijn.

Deze paddestoelen worden op de barbecue bereid: ze zijn heel sappig en hebben een spannende structuur. Kies tomaten, paddestoelen, uien en mozzarellakaas van dezelfde omvang, zodat alles netjes in elkaar past. Een paar druppels truffelolie verhoogt de aardse smaak van de paddestoelen.

gevulde portobellopaddestoelen
met mozzarella en truffelolie

4 portobellopaddestoelen of weidechamignons

olijfolie om de paddestoelen mee te bestrijken

4 theelepels truffelolie

4 dunne plakken ui, even groot als de paddestoelen

1 stuk mozzarella van circa 150 g, in 4 plakken

handvol basilicum, 4 blaadjes heel gelaten, de rest in flinters

4 forse plakken tomaat, even groot als de paddestoelen

zeezout en versgemalen zwarte peper

VOOR 4 PERSONEN

Verwijder de steeltjes van de champignons. Bestrijk de hoeden met olijfolie en leg ze met de gladde kant naar beneden op een schaal of dienblad. Bestrooi ze met zout en peper en besprenkel ze met de truffelolie.

Leg een plak ui in elke hoed en schik hierop een plak mozzarella, een basilicumblad en een plak tomaat. Bestrooi het geheel met zout en peper, verdeel de fijngesneden basilicum erover en sprenkel er wat olijfolie over.

Grill de gevulde paddestoelen circa 15 minuten op de barbecue zonder ze te keren, tot de paddestoelbakjes gaar zijn en iets krimpen, en de kaas gesmolten is. Serveer hierbij ciabatta.

champignontaartjes met zoete uien

Deze champignontaartjes houden het midden tussen een taartje en een toast. Ze zijn heel feestelijk en toch erg makkelijk te maken: u hoeft niet eens deeg uit te rollen. Hoeveel ik er ook maak, het zijn er nooit genoeg en iedereen wil er altijd nóg eentje. Warm zijn ze het lekkerst.

2 eetlepels olijfolie

1 grote ui, fijngehakt

250 g champignons, fijn-gehakt of in plakjes

1 eetlepel suiker

takjes tijm, blaadjes afgerist

12 sneetjes wittebrood, niet te dik gesneden

ongezouten boter om ze mee te bestrijken

250 g gruyère of rijpe cheddarkaas, geraspt

zeezout en versgemalen zwarte peper

drinkglas of koekuitsteek-vorm van 6 cm doorsnee

twee goed ingevette muffin-vormen voor 12 muffins

VOOR 24 STUKS

Verhit de olijfolie in een koekenpan en bak hierin de uien tot ze gaar zijn en licht kleuren. Strooi de suiker en wat zout en peper erover. Voeg de champignons en de tijmblaadjes toe en bak ze circa 5 minuten op hoog vuur, of tot de champignons gaar zijn.

Steek intussen met een drinkglas of koekuitsteekvorm rondjes uit de boterhammen (een glas knijpt de randen af, en dat maakt de taartjes knapperiger). Bestrijk de rondjes licht met boter en leg ze met de beboterde kant in de muffinvormpjes. Druk ze stevig aan.

Schep theelepels van het champignonmengsel in de broodbakjes en bestrooi ze met de geraspte kaas. Bak de champignontaartjes 10-15 minuten in een op 220 °C voorverwarmde oven, tot ze goud-bruin kleuren en de kaas borrelt. Serveer ze warm. U kunt ze ook laten afkoelen en vlak voor het serveren opwarmen.

feestelijke borrelhapjes

dim sum met spinazie en water-kastanjes

Gefrituurde hapjes doen het altijd goed op een feestje. Deze knapperige, goudkleurige dim sum met pittig-zoete dipsaus zullen in een oogwenk verdwenen zijn. Dimsumvelletjes, ook wontonvelletjes genoemd, zijn verkrijgbaar in (oosterse) supermarkten. Er zijn twee formaten: 8 x 8 cm, en 10 x 10 cm. Voor dit recept hebt u de kleinere maat nodig.

Voor alle gefrituurde hapjes geldt dat u ze het beste direct kunt serveren; opwarmen geeft niet zo'n goed resultaat. U kunt ze wel van tevoren prepareren en afgedekt bewaren. U hoeft ze dan alleen nog maar te frituren. Succes verzekerd!

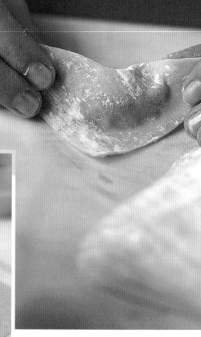

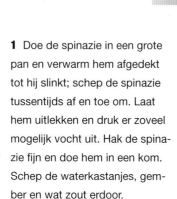

250 g spinazie, gewassen, taaie steeltjes verwijderd

6 waterkastanjes uit blik, uitgelekt en fijngehakt

2 theelepels fijngeraspte verse gemberwortel

snufje zeezout

20 kleine dimsumvelletjes (wontonvelletjes)*

1 ei, losgeroerd

maïzena om de dim sum mee te bestuiven

zonnebloemolie om in te frituren

SERVEREN MET
zoete chilisaus (blz. 59)

VOOR 20 STUKS

* dimsumvelletjes (wonton-velletjes) zijn verkrijgbaar in twee formaten: klein (8 cm) in pakjes van circa 70 stuks, en groot (10 cm) in pakjes van circa 40 stuks. Wat u overhoudt, kunt u in de diepvries bewaren.

1 Doe de spinazie in een grote pan en verwarm hem afgedekt tot hij slinkt; schep de spinazie tussentijds af en toe om. Laat hem uitlekken en druk er zoveel mogelijk vocht uit. Hak de spinazie fijn en doe hem in een kom. Schep de waterkastanjes, gember en wat zout erdoor.

2 Neem de benodigde dimsum-velletjes uit de verpakking maar houd ze afgedekt, zodat het deeg niet uitdroogt. Leg een velletje op uw werkvlak, bestrijk de randen met losgeroerd ei en schep 1-2 theelepels van het spinaziemengsel in het midden.

3 Klap het dimsumvelletje om tot een driehoekje, waarbij de vulling goed opgesloten wordt. Druk de randen stevig aan. [p.117]

4 Vouw de punten naar elkaar toe als een halvemaantje en kleef de punten aan elkaar met wat losgeroerd ei. Maak op deze manier nog meer dim sum tot u alle vulling hebt opgebruikt. Het resterende deeg kunt u in de diepvries bewaren.

5 Bestuif een bord met maïzena en leg de dim sum hierop. Wentel ze door de maïzena en schud ze vervolgens af. (Hierdoor zullen de dim sum niet aan elkaar plakken.)

6 Schenk een wok of grote koekenpan voor eenderde vol met olie en verhit deze tot 190 °C. De olie is heet genoeg als een stukje deeg onmiddellijk opzwelt. Frituur de dim sum met 5-6 tegelijk 1-2 minuten, tot ze mooi opzwellen en goudbruin kleuren. Keer ze halverwege.

7 Schep de dim sum met een Chinese zeef of schuimspaan uit de olie en laat ze uitlekken op verkreukeld keukenpapier. Serveer ze direct met zoete chilisaus als dip.

spiesjes met mozza-rella en tomaatjes

Een klassieke combinatie van Italiaanse kleuren en smaken, in miniatuurfor-maat. Bocconcini ('kleine hapjes') heten deze mini-mozzarella's: ze zijn perfect voor deze spiesjes. Kunt u ze niet krijgen, dan is gewo-ne mozzarella ook heel geschikt: snijd deze in 20 blokjes. Koop de beste olijven die u kunt vinden, liefst gemarineerde.

10 kerstomaatjes, door-gesneden

20 basilicumblaadjes

10 bocconcini (minimoz-zarella), doorgesneden; of 150 g gewone mozza-rella, in blokjes

20 zwarte olijven, pitloos

olijfolie om de spiesjes mee te besprenkelen

zeezout en versgemalen zwarte peper

20 cocktailprikkers

VOOR 20 STUKS

Steek de halve tomaten, basilicum-blaadjes, bocconcini of mozzarella-blokjes en olijven aan cocktailprikkers. Besprenkel ze licht met olijfolie en strooi er zout en flink veel peper over.

filopakketjes met feta en komijn

3 vellen filodeeg van circa 28 x 48 cm

50 g ongezouten boter, gesmolten

VULLING
1 eetlepel komijnzaad

150 g fetakaas, helemaal verkruimeld

handvol muntblaadjes, fijngehakt

rasp van 1 citroen

bakplaat, licht ingevet

VOOR 24 STUKS

Maak eerst de vulling. Rooster het komijnzaad in een droge koekenpan tot
het licht kleurt en het aroma vrijkomt.
Doe het in een kom en schep de feta,
munt en citroenrasp erdoor.

Leg 1 vel filodeeg op uw werkvlak (dek de rest van het deeg
af met een vochtige doek, zodat
het niet uitdroogt). Bestrijk het
deegvel met een beetje gesmolten
boter. Vlij hierop een nieuw vel deeg
en bestrijk dit eveneens met boter.
Leg hierop het derde deegvel, dat u
eveneens met boter bestrijkt.

Snijd hieruit 24 vierkantjes van circa
7½ cm. Schep middenop elk vierkantje een
theelepel van de vulling; trek de vier punten
naar elkaar toe en druk de randen stevig aan.
Bestrijk de pakketjes met gesmolten boter en dek ze
af met plasticfolie tot ze de oven ingaan.

Schik de filohapjes op de ingevette bakplaat en bak ze
circa 10 minuten in een op 200°C voorverwarmde oven,
tot ze goudbruin kleuren. Serveer ze warm of koud.

Deze brosse eenhapspakketjes zijn snel en eenvoudig te
maken. Fetakaas is vrij zout; u hoeft dus geen extra zout
toe te voegen, maar zorg wel voor voldoende drankjes om
de dorst te lessen. Chili-kokossaus (blz. 59) is hierbij de
perfecte dip.

5 kwarteleitjes

2 struikjes witlof

50 g taugé

¼ rode paprika, zaadlijsten verwijderd, in reepjes van 5 cm gesneden

50 g rodekool, fijngesneden

1 bosuitje, in dunne sliertjes van 5 cm gesneden

5 cm komkommer, in julienne gesneden

20 korianderblaadjes

DRESSING

75 g gladde pindakaas

1 eetlepel zoete chilisaus

2 eetlepels donkere sojasaus

VOOR 20 STUKS

Knapperige blaadjes, bijvoorbeeld witlof of slablaadjes van little gem, zijn heerlijke eetbare bakjes. Gevuld met een klassieke Indonesische salade vormen ze een verfrissend en kleurrijk hapje voor een feestelijke borrel. Kwarteleitjes lijken speciaal geschapen voor kleine hapjes, al laten ze zich soms vrij lastig pellen. In plaats van kwarteleitjes kunt u ook gewone eieren gebruiken, fijngehakt en hardgekookt, en de schuitjes hiermee garneren.

gado gado
in witlofschuitjes

Maak eerst de dressing. Doe de pindakaas in een kommetje, voeg 2 eetlepels kokendheet water toe en roer dit met een vork snel tot een glad mengsel. Roer de chilisaus en sojasaus erdoor.

Breng de kwarteleitjes in een pannetje met koud water aan de kook en kook ze 3 minuten op laag vuur. Giet ze direct af en laat ze schrikken onder koud, stromend water. Laat ze afkoelen, pel ze en snijd ze in vieren.

Maak de witlof schoon en trek 20 mooie blaadjes los. Verdeel de verschillende groenten over de blaadjes. Sprenkel met een theelepel een beetje dressing over elk schuitje en garneer met een blaadje koriander en een partje kwartelei.

TIP: Maakt u deze witlofschuitjes in grote hoeveelheden, dan is het handig de dressing over de salade te spuiten. Bevestig een spuitmondje van 3 mm aan een spuitzak, of gebruik een plastic zakje waar u een hoekje afknipt.

sushirol met groenten

Langwerpige sushi maken vergt wat handigheid, maar een gewone sushirol is heel gemakkelijk. Deze vegetarische versie (zonder vis) is heerlijk als borrelhapje, als voorgerecht of zelfs als complete maaltijd. Gebruik hiervoor echte sushirijst, die precies de juiste mate van kleverigheid geeft. Serveer hierbij de traditionele bijgerechten: zoetzure roze gember en een klein bakje sojasaus. Vergeet de hete wasabipasta (Japanse mierikswortel) niet, maar waarschuw uw gasten dat een klein beetje wasabi al een behoorlijk pittig effect geeft.

250 ml sushirijst, afgemeten
per volume

2-3 eetlepels rijstazijn

snufje zout

1 eetlepel mirin (Japanse
zoete rijstwijn) (indien
gewenst)

3-4 vellen nori (zeewier)

¼ stevige, rijpe avocado, doorgesneden, ontpit; overlangs in
dunne reepjes gesneden en
door citroensap gewenteld

10 cm komkommer, in dunne
reepjes gesneden

½ paprika, zaadlijsten verwijderd, in dunne reepjes cm
gesneden

geroosterd sesamzaad

SERVEREN MET

Japanse sojasaus

**wasabipasta (Japanse
mierikswortel)**

zoetzure roze gember

sushimatje van bamboe of zeer
stevig plasticfolie

VOOR 20–30 SCHIJFJES

1 Doe de rijst in een zeef en
spoel hem goed schoon onder
koud stromend water, tot het
spoelwater helder blijft. Laat de
rijst uitlekken en minstens 30
minuten rusten. Doe hem in een
pan met zware bodem.

2 Overgiet de rijst met 2 cm
water. Breng hem afgedekt aan
de kook, draai het vuur laag en
laat hem nog circa 15 minuten
zachtjes koken, tot alle vocht is
opgenomen. Haal het deksel van
de pan, dek de rijst af met een
schone theedoek en plaats hierop het deksel. Laat de rijst
10 minuten rusten.

3 Doe de gekookte rijst over in
een grote kom die niet van
metaal is. (Mogelijk heeft zich
een bruin velletje langs de pan
gevormd: schraap de rijst
gewoon weg van dit velletje.)
Voeg de azijn, het zout en de
mirin toe (als u die gebruikt), en
schep alles goed door elkaar. Het
beste resultaat krijgt u als u de
kom naast een elektrische venti-
lator plaatst en omschept tot hij
afgekoeld is.

4 Maak nu de sushirollen. Rooster de nori voorzichtig enkele seconden boven een laag gaspitje of een elektrische kookplaat, zodat hij knapperig wordt. Leg hem met de glimmende kant omlaag op een sushimatje of op folie. Schep met bevochtigde hand een handvol rijst middenop de nori. Spreid de rijst uit langs de onderkant maar houd een randje van 2 cm vrij. Druk met de rug van uw vinger een gootje in de rijst.

5 Leg 1-2 reepjes avocado, komkommer en paprika in het gootje. Maak het niet te vol, anders laat de sushi zich niet goed oprollen. Strooi er wat geroosterd sesamzaad over.

6 Rol het matje of folie op, te beginnen vanaf de rand met rijst, en werk van u af: zo wordt de vulling door het norivel omsloten. Bevochtig de rand van de nori als deze niet goed sluit. Plaats de sushirol met de naad omlaag in een plastic doos terwijl u op dezelfde manier nog meer sushirollen maakt.

7 Doop een scherp mes in heet water en snijd hiermee de uiteinden van elke sushirol netjes bij. Snijd de rollen in schijfjes van 1 cm dik. Serveer hierbij sojasaus, zoetzure gember en wasabi. U kunt de sushi enkele uren van tevoren maken: wikkel ze in plasticfolie en bewaar ze tot gebruik in de koelkast. Serveer ze nog dezelfde dag.

romige bananentaart met chocolade

Chocolade en bananen vullen elkaar volmaakt aan in deze overheerlijke taart. Doordat naast dikke roomkaas of kwark ook mascarpone gebruikt wordt, krijgt u een heel licht effect.

KRUIMELBODEM

200 g chocoladebiscuitjes

50 g ongezouten boter, gesmolten

2 eetlepels cacaopoeder

VULLING

400 g verse roomkaas of volle kwark

250 g mascarpone

2 grote, rijpe bananen, in stukjes

2 theelepels vanille-essence

200 g fijne suiker

2 eieren, losgeroerd

CHOCOLADELAAG

100 g pure chocolade, fijngehakt

50 g ongezouten boter, in kleine blokjes

1 grote banaan

sap van ½ citroen

springvorm van 24 cm doorsnee, ingevet met gesmolten boter

VOOR 8–10 PERSONEN

Verkruimel de koekjes in een keukenmachine. Doe ze in een kom en meng er de gesmolten boter en het cacaopoeder door. Doe het kruimelmengsel over in de ingevette springvorm en spreid het uit over de bodem. Druk het stevig aan met de bolle kant van een lepel of met uw vingertoppen. Bak de kruimelbodem circa 10 minuten in een op 180 °C voorverwarmde oven. Laat hem afkoelen. Schakel de oventemperatuur terug tot 150 °C.

Maak nu de vulling. Doe de roomkaas of kwark en de mascarpone in een keukenmachine en werk ze door elkaar tot een glad mengsel. Voeg de bananen, vanille-essence en suiker toe en pureer alles goed. Voeg de losgeroerde eieren geleidelijk toe en werk met de pulseerknop erdoor. U kunt ook alle ingrediënten in een kom door elkaar werken, in de hierboven aangegeven volgorde. Schenk het mengsel in de springvorm en bak de taart 30-40 minuten, tot hij steviger is maar nog een beetje drillerig in het midden. Tijdens het afkoelen zal hij verder opstijven. Laat hem afkoelen in de vorm. Plaats hem minstens 3 uur, maar liefst een hele nacht, in de koelkast.

Maak ten slotte de chocoladelaag. Laat de chocolade met de boter au bain marie smelten.

Maak voorzichtig de rand van de springvorm los maar laat de taart op de bodem staan; de kruimelbodem is heel breekbaar. Plaats de taart op een schaal. Schenk het chocolademengsel over de taart en spreid het uit, waarbij u het een beetje over de rand laat lopen. Snijd de banaan in schuine plakjes, wentel ze door het citroensap om verkleuren te voorkomen en dep ze droog. Schik de plakjes banaan op de taart. Laat de chocoladelaag opstijven in de koelkast alvorens de taart te serveren.

nagerechten & koekjes

wortelcake met olijfolie

Fruitige olijfolie geeft deze wortelcake een unieke smaak. Met zijn vochtige structuur en licht gekruide smaak is hij kenmerkend voor de nieuwe vegetarische kookstijl. Wortelcake is verrukkelijk en heel gemakkelijk te maken: u heeft zelfs geen mixer nodig.

250 ml olijfolie

500 g fijne suiker

4 eieren, losgeroerd

250 g bloem

2 theelepels bakpoeder

2 theelepels dubbelkool-zure soda

2 theelepels gemalen kaneel

1 theelepel gemalen kruidnagel

1 theelepel gemalen kardemom (indien gewenst)

1 theelepel zeezout

125 g pecannoten of walnoten, grofgehakt

500 g wortels, geschrapt en geraspt

MASCARPONEGLAZUUR

125 g ongezouten boter, zacht geroerd

2 theelepels vanille-essence

250 g mascarpone of roomkaas

250 g poedersuiker

springvorm van 24 cm doorsnee, bekleed met bakpapier, ingevet en met bloem bestoven

VOOR 8–10 PERSONEN

Doe de olijfolie met de suiker en eieren in een kom en roer alles goed door elkaar. Zeef de bloem en de overige droge bestanddelen in een andere kom en maak een kuiltje in het midden. Voeg het eiermengsel toe en werk alles goed door elkaar. Schep de grofgehakte noten en de geraspte wortel erdoor.

Schenk het beslag in de geprepareerde springvorm en bak de cake 1 uur en 20 minuten in een op 170 °C voorverwarmde oven, tot een satéstokje dat u erin prikt er schoon uitkomt. Laat de cake afkoelen in de vorm, maak met een scherp mes de randen los en haal de cake uit de vorm.

Maak nu het glazuur. Meng in een keukenmachine of kom de boter met de vanille-essence en de mascarpone of roomkaas. Werk er geleidelijk de poedersuiker door, zodat u een glad mengsel krijgt. Mix niet te lang, anders kan het glazuur schiften. Bestrijk de cake ermee en maak decoraties in het glazuur.

torte van witte chocolademousse

Deze witte chocoladetaart, die niet in de oven hoeft, is behoorlijk machtig. Een klein puntje is genoeg, maar absoluut een topper. Deze taart schijnt altijd weer anders uit te vallen: soms lijkt de chocoladelaag op een mousse, soms heeft hij een structuur als van truffeltaart, maar altijd is hij subliem. Serveer deze taart tot besluit van de maaltijd en geef er sterke zwarte koffie bij.

KRUIMELBODEM

200 g amarettikoekjes

100 g ongezouten boter

MOUSSE

350 g witte chocolade

500 ml slagroom, op kamertemperatuur

4 eetlepels melk, op kamertemperatuur

springvorm van 24 cm doorsnee, bekleed met bakpapier, ingevet en met bloem bestoven

VOOR 12 PERSONEN

Verkruimel de koekjes zeer fijn in een keukenmachine. Doe ze in een kom en meng er de gesmolten boter door. Doe het kruimelmengsel over in de ingevette springvorm en spreid het uit over de bodem. Druk het stevig aan met de bolle kant van een lepel of met uw vingertoppen.

Breek de chocolade in stukjes en laat deze au bain marie smelten. Laat de chocolade afkoelen tot hij lauwwarm is.

Doe de room met de melk in een kom en klop beide met een elektrische handmixer op tot de room als een lint van de klopper loopt wanneer u de mixer optilt.

Schep met een grote metalen lepel een lepel geklopte room door de gesmolten chocolade. Schep dit chocolademengsel direct bij de resterende room en roer alles krachtig tot u een gladde mousse krijgt. Het geeft niet als zich hierin kleine stukjes chocolade bevinden: de smaak zal toch uitstekend zijn.

Schenk de chocolademousse in de geprepareerde springvorm en trek een mooie krul in het oppervlak. Dek de taart af met plasticfolie en plaats hem minstens 4 uur, maar liefst een hele nacht, in de koelkast. Maak voorzichtig de rand van de springvorm los maar laat de taart op de bodem staan. Trek het bakpapier los. Laat de taart enkele minuten staan om iets zachter te worden en serveer hem in smalle punten.

frambozenroulade

Wat is lekkerder dan knisperend meringueschuim met een kleverigzachte vulling, gevuld met slagroom en frambozen? Als u de slag te pakken hebt, zult u merken dat meringue een heel eenvoudige, mooie en zeer veelzijdige basis voor nagerechten is. Met het basisrecept kunt u kleine taartbakjes maken, en deze bijvoorbeeld vullen met lemon curd, room en de vruchten van het seizoen. Zulke taartbakjes bakt u in 45 minuten in een lauwe oven (120 ℃). In het volgende recept wordt (in slechts 17 minuten) een meringuelaag gebakken voor een vederlichte roulade. Friszure vruchten als frambozen bieden een perfect tegenwicht voor de zoete meringue, maar u kunt ook uw lievelingsfruit gebruiken. Aan u de keus!

MERINGUE

6 eiwitten, op kamertemperatuur

snufje zeezout

375 g fijne suiker

2 theelepels maïzena

1 theelepel witte-wijnazijn

FRAMBOZENVULLING

500 ml slagroom

3–6 eetlepels rozenwater

250 g frambozen

ondiepe bakvorm van 30 x 40 cm, bekleed met bakpapier

VOOR 8–10 PERSONEN

1 Doe de eiwitten met het zout in een brandschone, volstrekt droge kom en klop ze met een elektrische handmixer op tot stijve pieken. (Let op: als zich ook maar het geringste beetje eierdooier of vocht in de kom bevindt, kunt u de eiwitten niet goed opkloppen.)

2 Strooi de suiker lepel voor lepel bij het eiwit en klop telkens tot de suiker is opgenomen, zodat u een dik en glanzend schuim krijgt. Klop de maïzena en azijn er goed door.

3 Schep het meringueschuim in de geprepareerde bakvorm en spreid het met een spatel uit tot in de hoeken. Strijk het oppervlak glad af. Bak de meringuelaag 17 minuten in een op 180 °C voorverwarmde oven, of tot hij net een beetje knapperig is. Laat hem afkoelen.

4 Dek de meringuelaag af met een vel bakpapier, keer hem snel en stort hem op uw werkvlak. Schud hem los uit de bakvorm en trek voorzichtig het vastgekleefde bakpapier los.

5 Maak nu de vulling. Doe de room met het rozenwater in een kom en klop hem licht en niet te stijf op. Schep de room op de meringuelaag, waarbij u rondom een rand van 1 cm vrijhoudt. Schep de frambozen op de room.

6 Neem de dichtstbijzijnde zijkant van het bakpapier op en gebruik deze om de roulade voorzichtig op te rollen in de lengte. Trek tegelijk het papier los. Til de hele roulade, voordat hij helemaal opgerold is, met papier en al op en leg hem op een schaal of plank.

7 Rol de roulade van het papier af en zorg dat de naad precies onder komt. Snijd de roulade in 8-10 plakken.

champagnegelei

100 g blauwe bessen

**100 g kleine pitloze
blauwe druiven**

**500 ml champagne of
andere mousserende wijn**

50 g fijne suiker

**3 theelepels agar-agar
(vegetarisch geleer-
middel)**

VOOR 4 PERSONEN

Verdeel de blauwe bessen en druiven
over 4 hoge glazen of champagne-
flûtes. Schenk de helft van de champagne of mousserende wijn in een
pannetje en voeg de suiker en het
geleermiddel toe. Verwarm alles al
roerend tot de suiker en het geleermiddel opgelost zijn. Verwarm het mengsel
vervolgens bijna tot het kookpunt.

Voeg geleidelijk de resterende wijn
toe. Schenk het mengsel in de glazen
en plaats deze 3 uur in de koelkast, of
tot u een zachte gelei hebt. Serveer
hem direct: hoe langer de gelei zich
buiten de koelkast bevindt, hoe zachter hij wordt.

geleipudding

Felgekleurde drilpudding is meer iets voor kinde-
ren, maar deze volwassen versies móet u
gewoon proberen. Gelatine is niet geschikt voor
vegetariërs, al zou je dat op grond van het uiterlijk
en de smaak niet zeggen. Gelukkig is er een
alternatief op basis van zeewier: het is verkrijgbaar in natuurvoedingswinkels en ook in
sommige supermarkten.

thaise kokosgelei

Doe de melk met de sereh, djeroek-
poeroetbladeren, gemberplakjes en
chilipeper in een pannetje, breng hem
aan de kook en laat hem 15 minuten
zachtjes trekken. Haal de pan van het
vuur en laat de melk afkoelen.

Zeef de gearomatiseerde melk in een
maatbeker en leng hem met kokosmelk
aan tot 500 ml. De smaakgevers hebt u
niet meer nodig. Doe het melkmengsel
terug in de pan en klop er met een
elektrische handmixer de suiker en het
geleermiddel door, tot deze zijn opgelost. Verwarm het mengsel vervolgens
bijna tot het kookpunt. Schenk het
terug in de maatbeker.

Schenk het mengsel in 4 coupes. Laat
hem afkoelen en plaats hem 3 uur in
de koelkast, of tot u een zachte gelei
hebt. Strooi er vlak voor het serveren
de zoete pinda's over.

250 ml melk

**2 stengels sereh
(citroengras), fijn-
gesneden**

**2 djeroek-poeroetblade-
ren, grofgehakt**

**2 cm verse gemberwor-
tel, ongeschild en in
plakjes**

**1 kleine rode chilipeper,
doorgesneden**

**circa 400 ml kokosmelk
uit blik**

125 g fijne suiker

**3 theelepels agar-agar
(vegetarisch geleermid-
del)**

**honing- of suikerpinda's,
ter garnering**

VOOR 4 PERSONEN

Een elegant dessert dat u geruime tijd van tevoren kunt bereiden. Voor een speciale gelegenheid is het leuk de peren te vullen, maar als u opziet tegen de vele ingrediënten en het extra werk, kunt u de gestoofde peren ook gewoon met de heerlijke siroop serveren.

in wijn gestoofde peren

met kruidige vulling

4 stevige, rijpe dessert-peren

1 vanillestokje, over-langs opengespleten

250 ml vers geperst sinaasappelsap

500 ml rode wijn

125 g suiker

raspsel van 2 citroenen

6 hele kruidnagels

1 kaneelstokje

crème fraîche om erbij te serveren

KRUIDIGE VULLING

75 g hazelnoten

1 eetlepel bruine basterdsuiker

2 eetlepels krenten of rozijnen

1 theelepel gemalen kaneel

¼ theelepel gemalen kruidnagel

flink snufje vers geraspte nootmuskaat

1½ eetlepel oranje-bloesemwater

flink snufje zeezout

VOOR 4 PERSONEN

Schil de peren maar laat de steeltjes eraan. Snijd aan de onderkanten een schijfje af, zodat ze goed rechtop staan. Lepel met een theelepel het klokhuis eruit. Schraap het merg uit het vanillestokje in een grote pan en voeg het lege vanillestokje toe. Schenk het sinaasappelsap en de wijn erbij, voeg de suiker, het citroenraspsel, de kruidnagels en het kaneelstokje toe. Breng alles aan de kook en roer tot de suiker is opgelost. Laat voorzichtig de peren op hun kant in de pan glijden en pocheer ze onder regelmatig keren 30 minuten, of tot ze gaar zijn (afhankelijk van de rijpheid).

Schep de peren met een schuimspaan uit de pan en laat ze afkoelen. Zeef het kookvocht en giet het terug in de pan. Laat het inkoken tot het stroperig is. Laat de siroop afkoelen.

Maak nu de vulling. Rooster de hazelnoten 5 minuten in een op 200 °C voorverwarmde oven tot ze licht kleuren. Laat ze afkoelen en hak ze fijn in een keukenmachine. Voeg de overige ingrediënten toe en werk ze met de pulseerknop erdoor. Schep het mengsel in de uitgeholde peren, en bestrijk ook de onderkant van de peren met het mengsel: zo blijven ze later netjes rechtop staan op de borden. Schep voor het serveren de siroop erover en geef er een schepje crème fraîche bij.

200 g boter

200 g bruine basterd-
suiker

200 g honing

400 g havermout

50 g noten, gedroogde
vruchten of gekonfijte
gember of geraspte kokos

ondiepe bakvorm van
20 x 30 cm, ingevet

VOOR 12 STUKS

Doe de boter met de honing en suiker in
een pan en verwarm ze onder af en toe
omscheppen, tot de boter gesmolten is en
de suiker opgelost. Voeg de havermout en
de noten, vruchten, gember of kokos toe
(als u die gebruikt), en schep alles goed om.

Schep het havermoutmengsel in de geprepareerde bakvorm en spreid het uit tot een
laag van 2 cm dik. Strijk het glad met de
bolle kant van een lepel. Bak de koek
15-20 minuten in een op 180 °C voorverwarmde oven, tot hij langs de randen licht
kleurt maar in het midden nog enigszins
zacht is. Laat de koek afkoelen in de vorm,
stort hem en snijd hem in ruitjes.

havermoutruitjes met honing

Deze havermoutkoeken zijn heel gemakkelijk te
maken, ook als u weinig ervaring hebt. Ze zijn erg
lekker bij de thee of als zoet tussendoortje in de
loop van de ochtend. Daarnaast zijn ze ook
heel handig mee te nemen: ideaal voor een
picknick of lunchpakket.

koekjes met chocolate chips

Heel gemakkelijk te bakken, absoluut zalig, knapperig van buiten en zacht van binnen: wat kan een koekje nog meer te bieden hebben? Kies de noten die u het lekkerst vindt; ik houd erg van pecans, macadamia's en pijnboompitten, maar u kunt ook walnoten en hazelnoten gebruiken. Hak de noten en chocolade niet te fijn, dan krijgt u het beste resultaat.

125 g bloem

½ theelepel bakpoeder

½ theelepel zeezout

125 g ongezouten boter, zachtgeroerd

100 g bruine basterd-suiker

1 theelepel vanille-essence

1 ei

200 g pure chocolade met 70% cacao, grof-gehakt

50 g noten, bijvoorbeeld pecannoten of hazelnoten, grofgehakt

grote bakplaat, bekleed met bakpapier

VOOR 12–14 STUKS

Doe alle ingrediënten behalve de chocolade en noten in een keukenmachine en werk ze door elkaar; schep de noten en chocolade erdoor. U kunt ook de bloem met het zout en bakpoeder zeven in een kom. Doe de boter met de suiker en vanille-essence door elkaar in een andere kom en roer ze met een houten pollepel of klop ze met een elektrische handmixer luchtig en zalvig. Werk er geleidelijk het ei door. Vouw het bloemmengsel erdoor. Schep de noten en chocolade erdoor.

Breng het mengsel met een deeg-schraper over op een groot vel plasticfolie en vorm hiervan een worst van 30 cm lang. Sluit de uiteinden door ze op te draaien. Plaats de rol minstens 30 minuten in de koelkast, of tot hij opgesteven is.

Haal het deeg vlak voor u wilt gaan bakken uit de verpakking en snijd het in plakjes van 2 cm dik. Bak ze 15-20 minuten in een op 190 °C voorverwarmde oven tot ze net goudbruin kleuren. Laat ze afkoelen op een rooster.

menusuggesties

JAPANSE LUNCH

Sushirol met groenten

Japanse omelet

Gegrillde aspergesalade met sesam-sojadressing

THAIS SOUPER

Thaise koolsla

Pad thai noedels

Thaise kokosgelei

LICHTE MIDDEN-OOSTERSE LUNCH

Baba ganouj met warm pittabrood

Warme kikkererwtensalade met gekruide champignons

EEN FEEST VOOR DE OGEN

(een zeer fraaie maar niet erg ingewikkelde maaltijd)

Laksa met pompoen en tahoe

Frambozenroulade

ZOMERS SALADEBUFFET

Aardappelsalade met saffraan

Toscaanse panzanella

Gegrillde courgettes met munt

Groene salade met blauwe kaasdressing

MEXICAANSE NAZOMERMAALTIJD

Mexicaanse gazpacho

Fajita's met haloumi of tempeh

Romige bananentaart met chocolade

MEXICAANSE LUNCH OF SOUPER

Quesadilla's

Tamales

Romige bananentaart met chocolade

VERWARMEND WINTERDINER

Shiitake-portobellopaddestoelen-soep met madera en tijm

In port gestoofde witlof met bonen en aardappelpuree met rookkaas

Frambozenroulade

MIDWINTERLUNCH

Aardappellatkes met citroen en avocadoroom met gember

Curry met gegrillde aubergines en kokos

Wortelcake met olijfolie

EENVOUDIGE WINTERSE LUNCH

Focaccia met gekarameliseerde ui en gruyère

Linzensoep met kokos en spinazie

ITALIAANS DINER MET TWEE SOORTEN POLENTA

Polentaballetjes met paddestoelen-vulling

Paprika's uit Piedmonte met gorgonzolapolenta

VEGETARISCH KERSTDINER I

Knolselderij-sinaasappelsoep met saffraan

Filotaart met kastanjes, spinazie en champignons met tomaten-gembercoulis

Aardappelen met citroen uit de oven

Bladgroenten met pijnboompitten en aalbessen

In chianti gestoofde peren

VEGETARISCH KERSTDINER II

Bruschetta, belegd met bospaddestoelen en appels in maderasaus

Torta di risotto met drie soorten kaas

Bladgroenten met chilipeper en knapperige knoflook

Zoete aardappelen uit de oven met sjalotten, knoflook en chilipeper

Torte van witte chocolademousse

KERSTBORREL

Champignontaartje met zoete uien

Dim sum met spinazie en water-kastanjes

Aardappellatkes met citroen en avocadoroom met gember

Kruidige noten

Polentaballetjes met paddestoelen-vulling

ZOMERSE BORREL

Sushirol met groenten

Spiesjes met mozzarella en tomaat-jes

Filopakketjes met feta en komijn

Rauwkost en yoghurtdip met sesam

Mini-bruschetta met tomaten uit de oven

BARBECUE I

Parmezaanse burgers

Paprika's met feta

Thaise geglaceerde groentespiezen

Caesarsalade

BARBECUE II

Turkse gevulde aubergines

Gevulde portobellopaddestoelen met mozzarella en truffelolie

Thaise geglaceerde groentespiezen

Gegrillde aspergesalade met sesam-sojadressing

LUNCH MET KLEINE GERECHTEN

Baba ganouj met warm pittabrood en yoghurtdip met sesam

Bruschetta met bospaddestoelen

Paprika's uit Piedmonte

Champagnegelei

MAKKELIJK HERFSTDINER

Shiitake-portobellopaddestoelen-soep met madera en tijm

Vegetarische saucijsjes, aardappel-puree en jus met champignons en tijm

Provençaalse groenten uit de oven

Meringueroulade

GROOT BUFFET VOOR 14 PERSONEN

Pannenkoekjes met hüttenkäse met bosvruchtenberries, jam en crème fraîche

Japanse omelet met gegrillde tros-tomaten en avocado

Burrito's

Hartige maïsmuffins

Caesarsalade

Havermoutruitjes met honing

Koekjes met chocolate chips

register